Adam Wolf

**Die Aufhebung der Klöster in Innerösterreich, 1782-1790.**

Ein Beitrag zur Geschichte Kaiser Joseph's II.

Adam Wolf

**Die Aufhebung der Klöster in Innerösterreich, 1782-1790.**
*Ein Beitrag zur Geschichte Kaiser Joseph's II.*

ISBN/EAN: 9783743405356

Hergestellt in Europa, USA, Kanada, Australien, Japan

Cover: Foto ©Suzi / pixelio.de

Adam Wolf

**Die Aufhebung der Klöster in Innerösterreich, 1782-1790.**

# Die

# Aufhebung der Klöster

## in Innerösterreich

1782—1790.

—&#10022;—

Ein Beitrag zur Geschichte Kaiser Joseph's II.

von

## Adam Wolf.

Wien, 1871.

Wilhelm Braumüller

k. k. Hof- und Universitätsbuchhändler.

Meinem Freunde

# Eduard Hanslick

in Wien.

# Vorwort.

---

Eine quellenmäßige Untersuchung über die Aufhebung der Klöster unter Kaiser Joseph II. liegt nicht vor. Was darüber geschrieben wurde, ist den Zeitungen und Büchern des vorigen Jahrhunderts entlehnt. In jüngster Zeit hat Sebastian Brunner in den Werken „Theologische Dienerschaft am Hofe Joseph's II.", „Mysterien der Aufklärung", die Klosterfrage besprochen und dabei einige Mittheilungen aus den Wiener Archiven gebracht. Seine Darstellung ist jedoch kirchlich gefärbt, ungenau und unvollständig. Er gesteht selbst, daß er das Material dafür nicht aufzufinden vermochte.

Angeregt von einer geschichtlichen Studie über die Karthäuser in Oesterreich, kam ich zur Kenntniß des vorhandenen Materiales in den Archiven der Regierung zu Graz, Laibach und Klagenfurt. Diese Klosteracten, Protokolle, Inventare und vornehmlich die Berichte der Aufhebungscommissäre gewährten mir einen vollständigen

Einblick in die Durchführung der Aufhebungsgesetze, in die Zahl, Wirthschaft und das Vermögen der Klöster. Weitere Arbeiten in den Archiven der Ministerien in Wien setzten mich in Stand, den Stoff zu vermehren, das Bild in einen allgemeinen Rahmen zu bringen und die leitenden Ideen der Josephinischen Gesetzgebung zu schildern. In den Anmerkungen sind die Fundorte der Quellen kurz bezeichnet: C. A. = Archiv des Cultusministeriums, mit welchem die Cultusacten der ehemaligen Hofkanzlei und des Ministeriums des Innern vereinigt sind; St. A. = die alte Registratur der k. k. Statthalterei in Graz; R. A. = jene der k. k. Regierung in Laibach und Klagenfurt. In der Darstellung der Einzelnheiten beschränkte ich mich auf die Klöster in Innerösterreich, d. h. Steier= mark, Kärnten und Krain. Möge eine jüngere Kraft die Inventare der Klöster in den übrigen Ländern der österreichischen Monarchie durchsehen und das Verzeichniß der Zahl und des Vermögens der Klöster ergänzen.

In unserer bewegten Zeit kann man nur mit einer gewissen Scheu eine historische Frage behandeln, welche mit der Politik der Gegenwart zusammenhängt. Ich verwahre mich deßwegen, daß meine Schrift als eine Tendenzschrift für die eine oder andere Partei aus= gerufen wird. Sie ist eine geschichtliche Arbeit und es ist wohl kein Zweifel mehr, daß die Klösteraufhebung wie alle Reformen Joseph's II. der wissenschaftlichen Erörterung angehören. Uebrigens ist eine geschichtliche Darstellung, welche die Thatsachen aus der sophistischen Umhüllung der Parteien an das Licht zieht, besonders geeignet, die Gegenwart mit der Vergangenheit zu versöhnen und die Ueberzeugung zu stärken, daß nach dem heißen Kampfe der Parteien immer eine ruhige Vermittlung Raum gewinnt.

Graz, September 1870.

Ad. W.

# I. Die Klosterfrage unter Maria Theresia und Joseph II.

Von allen Reformen der Josephinischen Regierung hat keine die öffentliche Meinung so aufgeregt als die Kloster= frage. Die Sistirung der Stände, die Steuerreform, die Er= neuerung des Placetum regium, das Toleranzedict, selbst die einschneidenden polizeilichen Verordnungen haben das öster= reichische Volk in seinen Lebensverhältnissen nicht so tief er= griffen, als die Aufhebung der Klöster. Diese Klosteraufhebung von 1782 bis 1790 war eine der ersten Aeußerungen der neuen Staatsthätigkeit. Sie hing zusammen mit der geistigen Rich= tung der Zeit, sie schuf einen neuen Zustand von Eigenthums= und Wirthschaftsverhältnissen, machte eine Summe von todten Capitalien lebendig, und führte eine Menge Männer und Frauen, welche in den Klostermauern den Kreisen des Lebens entrückt waren, der Seelsorge und Familie zu. Bis in die tiefsten Wurzeln des Volks= und Staatslebens waren die Fol= gen jener Maßregeln fühlbar, ja sie sind noch heute fühlbar, und erhalten den Streit über Recht und Unrecht, Zweck und Mittel, Nutzen und Schaden lebendig.

Was wir heutzutage „Josephinismus" nennen, d. h. die kirchlich=politische Reformthätigkeit des Staates, war in ihren Hauptrichtungen bereits durch die Regierung der Kaiserin Maria Theresia vorbereitet. Spuren davon finden sich unter Joseph I. und Carl VI., aber vor Maria Theresia war der

Wolf. Aufhebung der Klöster.      1

Staat noch durchaus orthodox, die Kirche frei, in ihrer corpo=
rativen Gestaltung unberührt und mit einer Macht und Hoheit
ausgestattet, welche die weltlichen Rechte vielfach verdunkelte.
Die neue politische Form, welche Maria Theresia schuf, indem
sie den Föderativstaat überwand und eine politische Monarchie
mit einheitlicher Gesetzgebung und centralisirter Verwaltung
gründete, mußte auch die Kirche treffen, und zwar zumeist in
ihrem autonomen und wirthschaftlichen Gebiete. Cardinal
Hrzan, der Vertreter Oesterreichs am römischen Hofe, berich=
tet, das System der österreichischen Regierung in geistlichen
Angelegenheiten hätte sich seit 1755 geändert. [1]

In der That finden wir von den fünfziger Jahren an
die Regierung bemüht, die positiven Rechte des Staates, welche
er im Laufe der Zeiten der Kirche gegenüber erworben hatte,
wieder aufzunehmen und geltend zu machen. Im Anbeginn
zielten diese Bemühungen nur dahin, die Strafgewalt und
Gerichtsbarkeit der Geistlichkeit zu beschränken, den Anwachs
des Kirchengutes zu verhindern und in der Verwaltung dessel=
ben, welche bisher der Kirche anheimgestellt war, eine entschei=
dende Stimme zu führen. In einer Denkschrift vom Anfang
der fünfziger Jahre, in welcher Maria Theresia von ihren
Regierungsmaximen, von der Nothwendigkeit und dem Nutzen
ihrer Reformen spricht, gedenkt sie auch der Frömmigkeit ihrer
Ahnen und der großen Vergabungen derselben an die Geistlich=
keit. Sie fügt hinzu: ihre Nachkommen mögen jene Frömmig=
keit bewahren, allein mit solchen Vergabungen inne halten,
weil die Geistlichkeit ihrer nicht mehr bedürfe, und was sie
besitze, „leider nicht so anwende, wie sie sollte, und nebenbei
das Publicum sehr bedrücke, welches alles einer großen Reme=
dur noch erfordern wird, was mit der Zeit und nach guter
Ueberlegung der Sache weiter auszuführen gedenke." Die
Reform würde mit Zuziehung von Weltlichen vorzunehmen

---

[1] Seb. Brunner, theologische Hofdienerschaft 1868, 314.

und dabei zu bedenken sein, „was dem gemeinen Besten, nicht aber was besonders den Geistlichen, Mönchen und Klöstern in allen Ländern zum Nutzen gereichet."[1] Das Oberaufsichtsrecht über die Verwaltung des Kirchenvermögens wurde einer 1750 eingerichteten Hofcommission übertragen. 1752 erklärte die Kaiserin, daß sie sich als suprema advocata ecclesiarum berufen fühle, der Unordnung, welche in der Administration des Kirchenvermögens eingerissen sei, ein Ende zu machen. Die milden Stiftungen, geistliche wie weltliche, wurden 1756 in Rücksicht auf ihren Vermögensstand untersucht und über ihre künftige Verwaltung ein Regulativ erlassen. Der Gedanke, einen Theil der Klostergüter für kirchliche Zwecke einzuziehen, wurde damals ausgesprochen und tauchte gegen das Ende der Regierung Maria Theresia's wieder auf. Von den siebziger Jahren an griff die Theresianische Regierung weiter aus, beschränkte das Gesetzgebungsrecht der Curie, verpflichtete den Clerus zur Steuerleistung und betrat mit einer Reihe von Verordnungen die Bahn der Reformen, welche von Joseph II. erweitert und durchgeführt wurden. Die Anregung dazu ging von dem Staatsrathe aus, der sich seit seiner Constituirung 1761 die Reform der obersten Verwaltung, und zwar im absolutistisch rein staatlichen Sinne, zum Ziel gesetzt hatte. Der moderne Staat konnte die Gerichtsbarkeit der Kirche über die Laien, die ausschreitende Strafgewalt über die Geistlichen selbst, das Asylrecht, die Klosterkerker und so manche andere Gebräuche und Institutionen der Kirche nicht dulden. Maria Theresia setzte zweimal 1754 und 1771 eine Verminderung der Feiertage, deren Menge das Arbeits- und Verkehrsleben hinderte, durch. Sie begehrte 1755, daß von jeder Excommunication der Regierung Anzeige gemacht werde, und 1779 wurde jede äußerliche Kirchenbuße, die nicht von der Regierung genehmigt war, verboten. Den Geistlichen wurde

---

[1] Hock, der österreichische Staatsrath, 1. Lieferung 1868.

1*

zur Pflicht gemacht, landesfürstliche Verordnungen von der
Kanzel herab zu verkündigen. Die älteren Gesetze, welche die
Veröffentlichung päpstlicher Bullen ohne Vorwissen und Geneh=
migung der Regierung untersagten, wurden 1767 erneuert.
Der Verkehr der Laien und Geistlichen mit Rom soll durch
das auswärtige Amt geleitet werden. Die Regierung bestimmte
die Preise für kirchliche Functionen, Opfergänge und Almosen.
Sie nahm die oberste Leitung und Aufsicht des Schulwesens
in Anspruch. Der strenge Eifer der Kaiserin strafte unnach=
sichtlich die sittlichen Gebrechen der Geistlichkeit. Sie gestattete
den Einfluß der Kirche auf das Eherecht, aber sie ließ den
Pfarrern, welche eine Auskunft aus den Tauf= oder Sterbe=
matrikeln verweigerten, die Einkünfte sperren, bis sie ihrer
Verpflichtung nachkamen.

Besonders war es aber die Klosterfrage, welche die Kai=
serin und ihre Staatsmänner lebhaft beschäftigte. Das An=
sehen der Klöster sank in dieser practisch nüchternen Zeit immer
mehr und mehr. Ihre Organisation, ihre Privilegien, ihre
Stellung zur Weltgeistlichkeit, die Anhäufung des unbeweglichen
Eigenthums und andererseits die zerrüttete Geldwirthschaft ein=
zelner Klöster, gaben stets neuen Anlaß zu strenger Beaufsichti=
gung und unmittelbarem Eingreifen der Staatsgewalt. 1769
hatten mehrere Staatsmänner in Anregung gebracht, dem ge=
sammten Regularclerus die Verwaltung seiner Güter abzu=
nehmen, sie der Kammer zu übergeben und jedem Ordens=
geistlichen einen Jahresgehalt anzuweisen. [1]) 1770 wurde das
Project wieder besprochen. Der Nuntius berichtete darüber in
mehreren Depeschen und machte der Kaiserin Vorstellungen,
bis sie 1771 in einem Briefe dem Papste versprach, „so viel
als möglich" die Reform der geistlichen Orden zu verhindern.
Das hielt sie jedoch nicht ab, so manche „gute und nützliche

---

[1]) Wolf, Oesterreich unter Maria Theresia, 388.

Neuerung", welche ihre Minister und der Staatsrath in Vorschlag brachten, einzuführen. Das Gesetz von 1769, welches
die Zunahme der Klöster in Oesterreich beschränkte, wurde erneuert. Das Gesetz vom 9. December 1770 beseitigte die
Klosterkerker, jenes vom 16. Jänner 1771 beschränkte das Strafrecht
der Ordensoberen, ein anderes 1776 untersagte die Aufnahme
neuer Mitglieder in die sogenannten dritten Orden. Die geistliche Hofcommission, welche unter dem Vorsitz des Hofkanzlers
tagte, hatte 1770 beantragt, Niemanden vor dem achtzehnten
Jahre zum Eintritt in einen Orden und vor dem vierund-
zwanzigsten Jahre zur Ablegung der Gelübde zuzulassen. Die
Regierung machte geltend, daß es der gesetzgebenden Gewalt
zustehe, das Alter zu bestimmen, in welchem der Bürger eine
rechtsverbindliche Handlung vornehmen oder aus der bürgerlichen Gemeinschaft austreten könne. Trotz des Widerspruchs
der Curie blieb das vierundzwanzigste Jahr das Normaljahr,
und die Kaiserin gestattete nur höchst selten eine Ausnahme
davon. Eine lange Reihe von Gesetzen und Verordnungen zielt
auf die Einschränkung des geistlichen, insbesondere des klöster-
lichen Besitzerwerbes hin. Die alten Amortisationsgesetze wurden
erneuert, der Ankauf von Landgütern durch die Geistlichkeit
ohne Regierungsbewilligung nicht gestattet. Den Bettelreien
der Mendicanten wurde eine Schranke gesetzt, den Klöstern die
Abschließung von Leibrentenverträgen untersagt. Die Regierung
bestimmte die Summe, welche Novizen in ein Kloster mitbringen
durften. Um den Klagen über Erbschleicherei zu begegnen,
wurde den Ordensgeistlichen untersagt, Laientestamente nieder-
zuschreiben oder als Zeuge einer letztwilligen Anordnung zu
fungiren. Ein Gesetz von 1779 verfügte, daß alle Testamente
von Ordensgeistlichen der Landesstelle vorgelegt würden, damit
alle gesetzwidrigen und „unnöthigen" Vermächtnisse verhindert
werden können. Es erschienen Verordnungen über die Geld-
verschleppung von Klöstern, über die Anlegung von Capitalien
in fremden Ländern. Den Ordensoberen wurde das Recht

der Verfügung über das Vermögen der Mönche entzogen, die
Provincialkassen der Orden wurden aufgehoben [1]).

Alle diese Reformen erschienen zunächst nur als unabweis=
bare practische Forderungen des Staates und standen im Zu=
sammenhang mit den neuen polizeilichen und volkswirthschaft=
lichen Maximen, welche die Theresianische Regierung aufge=
nommen hatte. Im Ganzen blieb das bisherige Verhältniß
zwischen Staat und Kirche unberührt. Die Regierung betrachtete
den Katholicismus nach wie vor als Staatsreligion, als die
Quelle des Glaubens und der Moral, als die Stütze der
Autorität. Die scharfen Mandate Ferdinand's II. und Ferdi=
nand's III. gegen den Protestantismus wurden noch immer in
Vollzug gesetzt; katholische Missionäre bearbeiteten die rührigen
protestantischen Gemeinden in Oberösterreich und Kärnten, wer
sich nicht fügte, wurde nach Ungarn oder Siebenbürgen ver=
setzt. Wohl gab es Differenzen mit dem heiligen Stuhle, aber
sie waren vorübergehend und änderten wenig. Weder der Staats=
rath noch die Kaiserin wollten eine gewaltsame Störung in
den Verhältnissen zur Curie. So sehr auch die Zeitrichtung,
die öffentliche Meinung oder eifrige Beamte drängten, Maria
Theresia wollte die großen Reformen nur mit und durch die
Kirche durchgesetzt wissen.

Ihre kluge vorsorgliche Art zeigte sich so recht bei der
Aufhebung des Jesuitenordens. Sie hatte den Einfluß der
Jesuiten auf das Lehramt und die Censur beschränkt, aber die Frage
um die Existenz des Ordens betrachtete sie als eine rein kirch=
liche Angelegenheit. Die Aufhebung geschah ganz im Sinne
des Papstes. Die Glieder des Ordens traten in andere

---

[1]) Vergl. Oesterreich unter Maria Theresia 377—436. Beidtel,
Untersuchungen über die kirchlichen Zustände in Oesterreich 1849. Warn=
könig, Stellung der katholischen Kirche in den katholischen Ländern des
deutschen Reiches 1856. Perthes, politische Zustände und Personen in Deutsch=
land II. 50, 75. Theodor Kern, die Reformen der Kaiserin Maria Theresia
in Raumer's historischem Taschenbuch 1869, 95—209.

religiöse Gemeinschaften oder blieben als Lehrer an den öffent=
lichen Schulen. Das Handbillet vom 10. September 1773,
welches der Aufhebungsbulle die kaiserliche Genehmigung er=
theilte und den Bischöfen die Veröffentlichung übertrug, ver=
fügte, daß die Sperre und Bezeichnung des Jesuitenvermögens
„ohne die mindeste Unordnung und so viel immer möglich mit
allem Glimpf, Gelindigkeit und gutem Anstand vollbracht und
hiebei den Jesuiten von Niemand mit Unanständigkeit begegnet
werde." Wohl war dabei der Vorbehalt aller staatlichen Rechte
ausgesprochen, das „Exequatur" mußte wörtlich dem Publica=
tionsact beigefügt werden, und die Ordenshäuser und Güter
der Jesuiten wurden von landesfürstlichen Commissären in
Besitz genommen. Das Jesuitenvermögen wurde eingezogen,
aber in dem Geiste verwendet, welcher die Stifter und Wohl=
thäter bei ihren Schenkungen geleitet hatte, nämlich für die
Seelsorge und den Unterricht. Das Patent vom 12. Februar
1774 bestimmte das ganze Vermögen des Jesuitenordens,
„welcher den Unterricht der Jugend seit zweihundert Jahren
fast allein besorgt hatte," mit Ausnahme der Stiftungen für
einen „Studienfond," den die Hofkammer verwaltete und die
Studienhofcommission für Schulzwecke verwendete. Die Jesuiten=
kirchen wurden Pfarrkirchen, die Ordenshäuser den Universitäten,
Gymnasien oder Wohlthätigkeitsanstalten zugesprochen. Maria
Theresia ließ die Exjesuiten nicht wie in Spanien oder Portugal
in's Elend jagen, sondern sorgte für sie. Sie ließ den Orden
nicht in seinem Grabe beschimpfen, aber ebenso wenig duldete
sie die Ergüsse der aufgeregten Jesuitenfreunde.

Bei aller Neigung der Kaiserin für die alte Staats=
praxis, in allen kirchlich=politischen Fragen ohne Hast und ohne
Initiative vorzugehen, nur auf „gute und nützliche Neuerungen"
Bedacht zu nehmen, verlangten die staatlichen Interessen doch
allmälig in eben diesen Fragen eine bestimmte Position. Die
humanistisch aufklärende Richtung der Zeit, die Politik und Praxis
der österreichischen Staatsmänner drängten dazu. In den

letzten Jahren der Theresianischen Regierung wird eine mildere
Gesinnung gegen den Protestantismus bemerkbar, das
Placetum regium wird bei allen päpstlichen Verfügungen
strenge in Acht genommen, der directe Verkehr österreichischer
Unterthanen mit Rom hörte auf, die Ehedispensen konnten
durch die Ordinarien vermittelt werden, der Staat übernahm
die oberste Leitung und Aufsicht über das Schulwesen, ja die
Censur gab das Buch des Febronius frei und seine Wirkungen
werden in der Schule und Gesetzgebung fühlbar. Als Maria
Theresia starb, war allen klar, daß auf diesem Wege nicht
innegehalten, sondern vorgeschritten würde.

Joseph II. hatte als Mitregent keinen directen Einfluß
auf die geistlichen und Schulangelegenheiten genommen. Wohl
aber hatte er sich durch Erfahrung und Beobachtung seine An-
sicht, oder wie man so gerne sagte, sein „System" gebildet:
die Festigung der absoluten Macht der Krone, die Durchführung der staatlichen Gesetzgebung und strengen Centralisation,
die Lösung aller autonomen Gewalten und die Emancipation
des Staates von der Kirche. Mit kühner Hand griff er in
das strittige Grenzgebiet der weltlichen und geistlichen Gesetzgebung und nahm damit einen Kampf auf, in dem so manche
stolze Kraft gebrochen war und in dem auch er sich verbluten
sollte. Man kennt im Allgemeinen Tendenz und Inhalt seiner
kirchlichen Reformen: Beschränkung des Gesetzgebungsrechtes
der Curie, eine größere Selbstständigkeit der Bischöfe gegenüber
dem Primat, eine Art österreichischer Nationalkirche in nur
losem Zusammenhange mit dem Papste, Schutz und Duldung
des Protestantismus, ein rein staatliches Schulwesen und ein
strenges Aufsichtsrecht des Staates, ausgeübt durch die
Organe der Verwaltung und ausgesprochen in einer Reihe von
polizeilichen Verordnungen, welche in das bisher geübte innere
Kirchenrecht schneidend eingriffen.

Die Intentionen, welche Joseph II. bei diesen Reformen
leiteten, hatten ihre Wurzel vielmehr in dem gesteigerten

Staatsbewußtsein als in der Philosophie der Zeit. Joseph war ein gläubiger Mann, ein katholischer Christ; er dachte und fühlte sich als Katholik; er erkannte alle Dogmen der Kirche und fügte sich ihren Vorschriften; er hielt fest am positiven Christenthum. Er war kein Freimaurer, kein Voltairianer. Die Philosophie seiner Zeit hatte er nicht studirt, aber er lebte in der Atmosphäre seines Jahrhunderts und nahm die Ideen und Forderungen desselben auf. Sein Denken und Wollen war nur auf den Staat gerichtet, auf eine Regierung, welche den Trieb zu schaffen hat und ihn verwirklicht für die Wohl= fahrt des Volkes, energisch, rücksichtslos, ohne Achtung für das Bestehende, immer begierig nach Neuerungen. Indem der Kaiser die Emancipation des Staates von der Kirche anstrebte, fühlte er sich vollkommen in seinem Rechte; er war der Ueber= zeugung, daß er damit ein unveräußerliches Recht seiner Krone ausübe und der Zustimmung der Kirchengewalt nicht bedürfe. Als die Prälaten Niederösterreichs verlangten, in den Kloster= rath durch ein gewähltes Mitglied ihres Standes vertreten zu sein, erhielten sie den Bescheid, „es stehe bei Seiner Majestät, wen sie dazu verordnen wolle." Joseph II. vermied es, über ein Concordat mit der Kirchengewalt zu verhandeln; er fürchtete, damit den alten Streit zwischen Staat und Kirche neuerdings anzufachen und die staatlichen Interessen zu schädigen. Der Kaiser stand mit seinen Ansichten und Bestrebungen nicht allein. Die ganze Generation fühlte mit ihm. Um ihn lebte ein Kreis von Staatsmännern, welche nach festen Principien in der Treue der Ueberzeugung handelten und das Urtheil der Welt nicht scheuten; so der Staatskanzler Fürst Kaunitz, die obersten Hofkanzler Graf Blümegen und Graf Kolowrat, die Grafen Hatzfeld, Chotek, der Cardinal Herzan, Heinke, Kressel, Gebler, Rautenstrauch u. a. Der vornehmste Träger der großen Reformen war der Fürst Wenzel Kaunitz, Haus= Hof= und Staatskanzler der auswärtigen Angelegenheiten, Conferenz= und Staatsminister in inländischen Geschäften, Vorsitzender des

Staatsrathes. Die Denkschriften des Ministers, welche das Staatsarchiv bewahrt [1]), über die Kirchenfreiheiten, den Primat, die Grenzen zwischen der Staats= und Kirchengewalt, die todte Hand, die Besteuerung der Kirchengüter, die Beschränkung der Zahl und des Vermögens der Geistlichkeit, über die Ab= schaffung der Inquisition, der Disciplin der Orden, — sie charakterisiren seine Gesinnung und enthalten die Grundzüge für den späteren sogenannten Josephinismus. Graf Heinrich Blümegen (1715—1788) war am Ende der Theresianischen Regie= rung böhmischer und österreichischer Hofkanzler, ein erfahrener Geschäftsmann, ein hochsinniger Charakter und von milder Gesin= nung. Er trat, als Kaiser Joseph am 21. December 1781 die politische und financielle Verwaltung in ein Ministerium ver= einigte, vom politischen Schauplatze ab und starb in Brünn am 31. Juli 1788, 73 Jahre alt. Sein Nachfolger wurde Graf Leopold Kolowrat (1727—1809), bis 1781 Prä= sident der Hofkammer, unter Kaiser Joseph oberster Hofkanzler und Präsident der Hofkammer. Graf Johann Rudolph Chotek (1748—1824) beim Tode Maria Theresia's Hofrath bei der Hofkanzlei, wurde 1781 böhmischer und österreichischer Hof= kanzler und Vicepräsident der Hofkammer. Als Vicekanzler fungirte der bekannte Freiherr Tobias Philipp von Gebler. Er war 1726 in dem Fürstenthum Reuß geboren, trat 1753 in den österreichischen Staatsdienst, convertirte, wurde 1759 Rath im Münz= und Bergwesen und 1762 Hofrath in der Hofkanzlei. Maria Theresia zeichnete ihn sehr aus, gab ihm 1763 den Adels= und 1768 den Freiherrntitel und berief ihn 1768 in den Staatsrath. Kaiser Joseph nahm ihn 1781 wieder in den unmittelbaren activen Dienst der Hofkanzlei. Wie bekannt war Gebler ein fruchtbarer Schriftsteller und stand mit allen hervorragenden wissenschaftlichen und dichterischen Größen in Verbindung. — Eine der wichtigsten Persönlich=

---

[1]) Hock a. a. O. 48.

keiten der Josephinischen Regierung war der Graf Franz von
Hrzan-Harras (1735—1804), Geistlicher, unter Maria Theresia
Gesandter in Parma und Uditore della Rota in Rom, seit
1780 Cardinal und bevollmächtigter Minister Oesterreichs am
römischen Hofe, ein ehrenhafter gelehrter wohlthätiger Priester,
ein verständiger gewandter Diplomat. Er mußte in Rom die
Josephinischen Reformen erklären, rechtfertigen und als noth=
wendig hinstellen, dabei ausgleichen, vermitteln, drängen, wie
es die Lage der Dinge erforderte. „Der allerhöchste Dienst
ging ihm über alles [1]);" er war für die moderne Staatsform
eingenommen und arbeitete dafür mit Neigung und Ver=
ständniß. — Die eigentlichen Arbeiter in der Detailgesetzgebung
für geistliche Angelegenheiten waren der Hofrath Heinke und
der Präsident Kressel. Franz Joseph von Heinke (1726—1803)
geboren in Schlesien, seit seinen jungen Jahren im öster=
reichischen Staatsdienst, ein erfahrener Jurist, Appellationsrath
in Prag, seit 1767 Hofrath bei der Hofkanzlei und Referent
für die geistlichen Angelegenheiten, arbeitete die meisten Vor=
lagen des Ministeriums in publico-ecclesiasticis aus, welche
durch die Sanction der Kaiserin und des Kaisers Gesetzeskraft
erhielten. Selten genannt, übte er durch seine Geschäftskenntniß
und staatliche Auffassung großen Einfluß aus. 1769 hatte er
eine Art Richtschnur oder Plan für das Verhältniß des Staates
zur Kirche vorgelegt. Von ihm sind die Mescripte zur Auf=
hebung der Jesuiten und der anderen Klöster entworfen. Heinke
war seit 1782 der erste Referent der geistlichen Hofcommission;
von ihm sind die Instructionen und Nachträge für die Klöster=
aufhebung gearbeitet. Erst 1792 wurde er in den Ruhestand
versetzt [2]). Franz Carl von Kressel (1720—1800), unter
Maria Theresia Hofrath bei der österreichischen Hofkanzlei,
1760 als Freiherr von Gualtenberg baronisirt, 1774 Präses

---

[1]) Brunner, theol. Hofdienerschaft 9.
[2]) Wurzbach, biograph. Lexicon VIII. 121.

der Studienhofcommission, 1779 landesfürstlicher Commissär
im Innviertel, 1782 Präses der geistlichen Hofcommission.
Ein kirchlicher Schriftsteller bezeichnet ihn als Freimaurer, als
Provincialgroßmeister von Oesterreich [1]). Kreßel war ein Mann
von tiefem Wissen, milden Anschauungen, wie Heinke eine
unschätzbare Arbeitskraft, in der Administration geschult und
erfahren wie wenig andere. Kreßel und Heinke waren die
Schöpfer jener Reformen, welche so viele Gegenstände der kirch=
lichen Administration abnahmen und der staatlichen zulegten.
Ihnen ist es zu verdanken, daß die Geschäfte bei der Kloster=
aufhebung, bei der Pfarreintheilung und so vielen anderen
Neuerungen sich ruhig, sicher, ohne Störung und Gewaltsam=
keit abwickelten. — Franz Stephan Rautenstrauch (1734—
1785) aus Böhmen gebürtig, Abt des Stiftes Braunau, 1774
nach Wien berufen als Director der theologischen Facultät,
unter Joseph II. Hofrath der vereinigten Hofkanzlei, Referent
für die Bibliotheken, Mitglied der Studien= und der geistlichen
Hofcommission, huldigte offen den Grundsätzen des Febronius.
Von der kirchlichen Partei gehaßt und geschmäht, wurde er
von der Regierung über die Grenzen der geistlichen und welt=
lichen Gewalt zu Rathe gezogen.

Alle diese Männer waren aus der Schule der Theresia=
nischen Regierung erwachsen und großgezogen in dem Gedanken
an ein absolutes, einheitliches, durch und durch bureaukratisch
regiertes Oesterreich. Ihre Grundsätze der Freiheit waren von
denen unserer Zeit verschieden; sie schützten zunächst die per=
sönliche Freiheit des Bürgers und lösten die Fessel kirchlicher
und feudaler Bevormundung. Es ist nicht zu leugnen, daß
dabei die Staatsgewalt willkürlich und gewaltthätig in alle
Gebiete der gesellschaftlichen und kirchlichen Einrichtungen ein=
gegriffen hat. Keine Stimme konnte sich dagegen erheben.
Die ständische Gewalt war sistirt, die Gemeinden unfrei. Die

---

[1]) Brunner, Mysterien der Aufklärung 52.

gesetzgebende Gewalt lag allein in der Hand des Herrschers.
Die Initiative ging vom Monarchen oder den Centralstellen
aus. Die Gesetzentwürfe betrafen zumeist Verwaltungs= und
politische Rechtsregeln, wurden von den Fachministern und im
Staatsrathe geprüft, durchgearbeitet und erhielten durch die
Sanction des Monarchen Gesetzeskraft.

Der „Staatsrath in inländischen Geschäften" vertrat die
Stelle eines Senates. 1781 bestand er aus folgenden Mit=
gliedern: Fürst Kaunitz, Graf Georg Stahremberg, damals
bevollmächtigter Minister in Brüssel, Graf Friedrich Hatzfeld,
Graf Friedrich Zinzendorf, beide Staatsminister in inlän=
dischen Geschäften, die Freiherren Kressel, Gebler und Löhr.
1784 sind als Staatsräthe verzeichnet: Kaunitz, Hatzfeldt,
Freiherr Anton von Reischach und der bekannte Rechtsgelehrte
Karl Anton von Martini. In den Ministerien waren seit
der Centralisation unter Haugwitz 1749 mannigfache Verände=
rungen vorgegangen, insbesondere war die financielle und poli=
tische Leitung bald getrennt bald wieder vereinigt. Kaiser
Joseph vereinigte die Stellen in ein Ministerium unter dem
Namen [1]: „mit der Hofkammer und Bancodeputation ver=
einigte böhmische österreichische Hofkanzlei." Chef derselben war
der genannte Graf Kolowrat; unter ihm dienten Graf Chotek
als Kanzler, Gebler als Vicekanzler und 19 Hofräthe. Das
Ministerium hatte einen weit und tiefgehenden Wirkungskreis;
die Geschäfte wurden theils nach den Ländern, theils nach
Materien verhandelt. Es gab acht Referate und eines der
wichtigsten davon war das für „Toleranz, geistliche Studien,
Censur und Stiftungssachen," welches Hofrath Heinke und
nach ihm der Freiherr von Eger führten.

Für besondere Geschäftszweige wurden „Hofcommissionen"
eingesetzt, welche ihren eigenen Vorstand hatten, aber in den
Stand des Ministeriums gehörten. Namentlich hatte das

---

[1] Handbillet, 21. December 1781.

Verhältniß des Staates zur Kirche von Jahrhundert zu Jahr=
hundert eine eigene Geschäftsführung nothwendig gemacht.
Unter Maximilian II. bestand ein geistlich=politisches Departement,
unter Ferdinand II. ein geistlicher Rath, unter Carl VI. ein
Klosterrath. Unter Maria Theresia war 1770 ein sogenannter
consessus in publico-ecclesiasticis eingerichtet, welcher aber
auf Antrieb der Geistlichkeit schon 1771 wieder aufgehoben
wurde. Die ersten kirchlichen Reformen und die erste Kloster=
aufhebung unter Kaiser Joseph II. sind nicht von einer beson=
deren Commission, sondern von der Hofkanzlei unmittelbar
ausgegangen. Wohl aber wurden zur Durchführung bei`den
Provincialbehörden „Klosteraufhebungscommissionen" eingesetzt.
Erst als die Geschäfte zunahmen und weitere Reformen in
Aussicht waren, richtete der Kaiser am 26. Juli 1782 ein be=
sonderes Amt für die kirchlich=politischen Gegenstände, „die
geistliche Hofcommission" ein. Ihr Wirkungskreis erstreckte
sich auf die deutschen und ungarischen Erblande; sie stand
unter der Hofkanzlei, man adressirte: „an die k. k. böhmisch=
österreichische Hofkanzlei, geistliche Commission". Die Kloster=
aufhebungscommissionen in den Provinzen wurden am 13. August
1782 aufgehoben und dafür „geistliche Filialcommissionen" ein=
gesetzt. Sie standen unter der Aufsicht der Länderstelle, corre=
spondirten durch den Statthalter mit der Hofcommission und
erhielten von dieser die Weisungen und Befehle. Diese Filial=
commissionen haben die Klosteraufhebung von 1783—1790
durchgeführt. Die Studienleitung war davon getrennt und von
den Stiftungen gehörten nur jene, welche die Geistlichkeit an=
gingen, zur „geistlichen Commission". Die Stiftungen für
Spitäler, Armen und Arbeitshäuser u. a. verwaltete eine be=
sondere Stiftungscommission. Präses der geistlichen Hofcom=
mission in Wien war der genannte Kressel; die anderen Mit=
glieder waren Hofrath Heinke von der österreichischen, Hofrath
Hann von der siebenbürgischen und Rautenstrauch für die un=
garische Hofkanzlei. Kressel hatte den letzteren auf besonderen

Vorschlag der Ungarn aufgenommen; für Stiftungen wurde der Stiftungsbuchhalter von Benken beigezogen.

Vielleicht in keinem Lande war die Verwaltung so wunderlich gegliedert und die Gesetzgebung so abhängig von der Bureaukratie als in Oesterreich. Sie konnte die Repräsentation des Volkes nicht ersetzen, aber sie entfaltete in der Josephinischen Zeit eine äußerst rührige und weitgreifende Thätigkeit, unbekümmert um die alte Rechtsordnung, beeinflußt von den Ideen der Zeit und unterstützt von dem autokratischen Willen des Kaisers. —

## II. Die Aufhebungsgesetze von 1782.

In keiner Richtung zeigte sich die Josephinische Regierung offener und rühriger, als in der Klosterfrage, und sie wurde darin von der freisinnigen Bewegung in ganz Europa unter=stützt. Der Haß gegen alles Feudale, welcher dem achtzehnten Jahrhundert eigenthümlich ist, kehrte sich zumeist gegen die mittelalterliche Institution der Klöster. Anfangs war das Hauptschlagwort nur eine Reform der Klöster, wie sie vom Episcopat und von der Regierung in Frankreich verlangt wurde; seit der Aufhebung des Jesuitenordens sprach man von der Aufhebung aller Klöster oder wenigstens jener der beschau=lichen und Büßerorden. Nur wenige Stimmen erhoben sich für die Klöster; viele schmähten und höhnten sie, die meisten kamen darin überein, daß sie „unnütz" seien. Eine tiefere An=schauung, eine geschichtliche Kenntniß ist in den Zeitungen und Broschüren, welche den Gegenstand verhandeln, nicht zu finden. Auch in Oesterreich wurde die Aufhebung der Klöster be=sprochen, noch ehe ein Gesetz darüber verfügte. Kaiser Joseph II. zeigte sich von Anfang an als ein entschiedener Feind des Klosterwesens. Seine Denkart darüber war die allgemeine: sie stand in Verbindung mit der Nützlichkeitstheorie, welche im Staate nur brauchbare Bürger erkennen wollte. Joseph II. besaß keinen tiefen Blick in das Volksleben und noch weniger in das religiöse Leben. Die christliche Mystik, die Principien des Gehorsams, der Demuth, der entsagenden Liebe, der Selbst=betrachtung waren ihm fremd. Er erkannte in den Klöstern nur arme oder reiche Stätten von Müßiggängern, römische

Burgen, in denen die Hierarchie sich verschanzte und verthei=
digte. Es erschien ihm als eine der würdigsten und vornehm=
sten Aufgaben seiner Regierung, mit den Klöstern so viel als
möglich aufzuräumen und die Mönche auf die geistliche Arbeit
der Seelsorge anzuweisen. Wie erwähnt, hatte die Theresia=
nische Regierung versucht, die Zahl der Mönche zu vermin=
dern, ihren Einfluß zu schwächen und ihren Erwerb zu be=
schränken. Diese schwachen Anfänge erweiterte nun Joseph zu
einer durchgreifenden Reform des Klosterwesens in Oesterreich,
ohne deßwegen einen Umsturz oder eine Vernichtung alles
Mönchthums zu beabsichtigen. Vor allem sollten die Klöster
der beschaulichen Orden als „unnütz" geschlossen und ihr Ver=
mögen zur Erweiterung der Seelsorge verwendet werden. Das
Recht dazu nahm er als Monarch, als Inhaber der gesetzge=
benden Gewalt in Anspruch und er führte sie durch, ohne die
Einwilligung der Kirche einzuholen, ohne ihr über den Vollzug
Rechenschaft zu geben. Ein Handbillet an Kressel kennzeichnet
seine Denkart über Klöster und Kirchenangelegenheiten [1]): „Die
Versehung des Gottesdienstes, schreibt er am 17. Juni 1783,
die Versehung der Religionslehre, die Bildung und Leitung der
Seelen ist dem bloßen Ungefähr übergeben; wo mehr fromme
Vermächtnisse und Fundationen gemacht wurden, dort ist Ueber=
fluß, an anderen Orten Abgang, das Ganze der Monarchie
wird von keinem Menschen betrachtet, kurz die Verwaltung des
Hauptgeschäftes wird von Niemanden übersehen und hat keine
Grundlage. Ein jeder Bischof sieht nur auf seine Diöcese, so
viel Orte so viel Stifter, so viele einzelne Besitzer und Eigenthümer,
die einzig und allein auf Vermehrung der Zahl und des Vermögens
bedacht sind. Der Papst von Rom soll mit einer Congregation
welscher Cardinäle, welche andere Länder und Nationen nicht
kennen gelernt haben, den Ausschlag für das Religionswesen
in katholischen Ländern geben, und vielleicht noch unfehlbar! —

---

[1]) Brunner, Mysterien der Aufklärung, 278.

Diese schreckliche Lage fällt mir durch mehrere Jahre auf. Es bleiben also nur zwei Wege: der Staat übernimmt alle geistlichen Einkünfte der gesammten Monarchie und mißt einem jeden einen hinlänglichen Gehalt aus, oder er erhebt den Stand des geistlichen Vermögens, sieht wie er mit selbem auslangen kann, und wo ein Abgang sich äußert, ersetzt er ihn aus den Staatseinkünften. Ich will mich einstweilen an diesen geraden Weg halten, obwohl er der weiteste ist, wenn nicht die Unmöglichkeit, auf demselben zum Ziele zu gelangen, nöthigt zum ersten zu greifen."

Vom Beginn der Josephinischen Regierung an finden wir eine Reihe von Verordnungen, welche die Freiheit der Klöster bedeutend einschränkten. Die Klosterseminarien wurden geschlossen, durch zwölf Jahre dürfen keine Novizen aufgenommen werden. Die begüterten Klöster sind verpflichtet, Volksschulen zu errichten oder die bereits bestehenden in vorschriftsmäßigen Stand zu setzen, d. h. die Schulgebäude mit dem nothwendigen Geräthe zu versehen, den Lehrern Gehalte auszusetzen und Schulbücher anzuschaffen. Den Klosteroberen ist verboten, päpstliche Bullen, Breven oder was immer für päpstliche Schreiben ohne die kaiserliche Genehmigung zu veröffentlichen. Alle Novizen und Mönche, welche aus fremden Ländern in die österreichischen Klöster aufgenommen wurden, sollen namhaft gemacht, die Vermögensverhältnisse der Klöster und insbesondere ihr Besitz in fremden Ländern verzeichnet werden. Jede Verbindung österreichischer Klöster mit Klöstern im Auslande oder mit den Ordensgeneralen in Rom hat aufzuhören. Die Mönche können für ihre auswärtigen Brüder beten, aber der Ordensgeneral darf über das Vermögen und die Disciplin österreichischer Klöster keine Verfügung mehr treffen; die Klöster werden künftig nur von ihren Provincialen unter Aufsicht des Erzbischofes oder Bischofes geleitet. Die Ordinarien haben in den Klöstern ihrer Diöcese ein unbeschränktes Visitationsrecht, das Recht auf die Disciplin zu wirken und die Mönche zur

Seelsorge zu verwenden. Jede Exemtion, d. h. die Unabhängig=
keit einzelner Klöster von der Gerichtsbarkeit der Bischöfe hört
auf. Als Ordensoberer darf nur ein geborener oder naturali=
sirter Oesterreicher gewählt werden. Es ist verboten, Breviere,
Missale oder andere Bücher aus dem Auslande zu beziehen
oder Meßgelder in das Ausland zu schicken. Die Franciscaner
dürfen nicht mehr für das heilige Land sammeln. Noch ist
den Klöstern gestattet, Bergwerke oder Kuxe zu kaufen und zu
besitzen, aber bei allen Erbschaften und Schenkungen haben sie
sich an die Amortisationsgesetze zu halten. Die Sperre und
Verlassenschaftsabhandlung bei Sterbefällen im Clerus gehört
vor das weltliche Gericht. Die Namen „Missionäre" oder
„Missionsstationen" sollen nicht mehr gebraucht, vielmehr ver=
gessen werden. Die ordentlichen Seelsorger an diesen Stationen
sind die Pfarrer, Kapläne und Curaten. Jene Missions=
stationen, welche ein Vermögen haben, sind mit Weltpriestern
zu besetzen, die Mönche, welche dort exponirt sind, in ihr Kloster
zurückzuschicken. [1]

Man würde jedoch sehr irren, wenn man in diesen Ver=
ordnungen eine bewußte Vorbereitung zur Aufhebung der Klöster
erkennen wollte. Im Gegentheile, die Regierung hatte dafür
in den Jahren 1780 und 1781 nichts vorgearbeitet, und ging
daran, ohne sich der Größe und Schwierigkeit der Aufgabe be=
wußt zu sein. Ein Einblick in die vorausgehenden Verhand=
lungen dürfte das Aufhebungsgesetz am besten erklären.

Die unmittelbare Veranlassung gab die Karthause zu
Mauerbach in Niederösterreich. Die Hofkanzlei hatte daselbst
wegen der zerrütteten Verhältnisse am 10. November 1781
eine Untersuchung vornehmen lassen, und als sie darüber be=
richtete, sprach der Kaiser zum erstenmale den Willen aus, die
Klöster der beschaulichen Orden schließen zu lassen. „Nicht
dieser besondere Fall, schrieb er am 29. November an den

---

[1] Repertorium in publicis et politicis 1781, 1782. Graz, St. A.

Hofkanzler!), sondern der schon lange bestehende Beweis, daß
diejenigen Orden, die dem Nächsten ganz und gar unnütz sind
und Gott nicht gefällig sein können, veranlassen mich der Kanzlei
aufzutragen, in den gesammten Erbländern diejenigen Orden
männlichen und weiblichen Geschlechtes, welche weder Schule
halten noch Kranke pflegen, noch sonst in Studien sich hervor=
thun, in jedem Lande durch Commissäre der Landesstelle auf=
schreiben und ihre Einkünfte und Vermögen, wie mit den
Jesuiten geschehen, übernehmen zu lassen. Den Individuen ist
einstweilen eine Pension auszuwerfen und ihnen frei zu stellen,
entweder, da sie nicht so zahlreich sind, ohne Pension außer
Landes zu gehen, oder bei den Behörden einzukommen, daß sie
nach der Dispens von den Gelübden in den weltgeistlichen
Stand eintreten zu können. Ich verstehe unter diesen Orden
gesammte Karthäuser, Camaldulenser, Eremiten, dann alle Car=
meliterinnen, Clarissinnen, Capucinerinnen und dergleichen mehr,
so keine Jugend erziehen, keine Schule halten, nicht Kranke
warten, und welche sowohl weiblich als männlich ein bloß be=
schauliches Leben führen. Der Kanzler wird diesen meinen
Befehl in Vollzug setzen und mir ehestens den Vorschlag über
die Art der Befolgung und die Berichte über die Einkünfte
heraufgeben, damit ich dieselben zum Besten der Religion und
des Nächsten nutzbar verwenden kann. Der besondere Fall der
Karthäuser zu Mauerbach wird durch diese meine allgemeine
Anordnung ohnedies von selbst entschieden." Mündlich erklärte
der Kaiser nochmals bestimmt, daß von den aufzuhebenden
Klöstern nur jene der Karthäuser, Camaldulenser und Eremiten,
von den Frauenklöstern nur jene gemeint seien, welche bloß ein
beschauliches Leben führen und daher nach der Verfassung ihres
Ordens weder dem Publicum noch dem Staate nützlich sein
können; die Frauenklöster, welche sich mit der Erziehung der

---

¹) A. h. Entschließung, 29. November 1781. Wien, A. M. d. J.

weiblichen Jugend beschäftigen, Schulen halten, Kranke warten
oder den Wittwen als Zuflucht dienen, sollen fortbestehen.

In Folge dieser Befehle legte der Hofkanzler ein Gutachten
vor, um die Art und Weise der Klosteraufhebung zu erläutern
und im Einzelnen zu bestimmen [1]): 1. „Allen Karthäusern und
Camaldulensern ist gestattet, in ausländische Klöster ihres Ordens einzutreten und folglich aus den k. k. Staaten auszuwan-
dern. Sie haben keinen Anspruch auf eine Pension, doch ist es
billig, daß ihnen nebst dem Paß ein Reisegeld und zwar nach
dem Verhältniß der Entfernung bis auf 150, 200 und 300 fl.
zu verabreichen. 2. Die Novizen oder Novizinnen in den aufzuhebenden Klöstern können zum Profeß nicht mehr zugelassen
werden und treten in die Welt zurück; für Kleidung und Nahrung wird ihnen aus dem Klostervermögen ein für allemal ein
Betrag von 140 fl. ausgezahlt; was sie an Vermögen oder
Fahrnissen in das Kloster mitgebracht haben, wird ihnen zurück-
gestellt. 3. Den Geistlichen und Nonnen der aufzuhebenden
Klöster steht nach der mündlichen Aeußerung Sr. Majestät die
dreifache Wahl frei: ob sie die Säcularisation ansuchen, ob sie
in einen anderen Orden übertreten, oder bei ihrer Ordensregel
verbleiben und in einer freien Gemeinschaft leben wollen. a) Den
Geistlichen und Nonnen, welche säcularisirt werden wollen,
wäre vom Tage der Aufhebung an eine jährliche Pension
von 300 fl. bis zu ihrer Versorgung oder Verleihung eines
Beneficiums anzuweisen. Man glaubt, in der Ausmessung der
Pensionen zwischen Geistlichen und Nonnen keinen Unterschied
machen zu sollen, weil für beide ein gleiches Recht spricht; die
Geistlichen haben noch voraus, daß sie sich ein Meßstipendium
oder einen anderen Verdienst verschaffen können. Wenn ein
Abt der Karthäuser in den weltgeistlichen Stand übertritt, soll
er bis zu seiner Versorgung durch eine Pfründe eine jährliche
Pension von 800 fl. erhalten. Diese Aebte verdienen eine

---

[1]) Vortrag der Hofkanzlei vom 27. December 1781. Archiv Min. d. J.

besondere Rücksicht, weil sie sich ihre Stellung durch Verdienste
erworben haben und fast in jedem Lande Mitglieder der Stand=
schaft sind; es wäre sehr hart, wenn sie als Weltpriester in
Noth und Dürftigkeit kommen würden. b) Den Geistlichen
und Nonnen, welche mit Bewilligung der Kirchenbehörde in
einen anderen Orden übertreten wollen, möge Se. Maj. die
Pension und die Aufnahme auch in den Klöstern gestatten, wo
eine bestimmte Zahl von Mitgliedern vorgeschrieben ist. c) Für
jene Geistlichen und Nonnen, welche bei ihrer Ordensregel ver=
bleiben und sich für eine freie Gemeinschaft entscheiden, soll die
Landesstelle ein geräumiges Kloster vorschlagen, wo sie von
ihrer Pension bis an das Ende ihrer Tage zusammen leben
können. Nach der Gesinnung Sr. Maj. wird der Bischof für
jede dieser Gemeinschaften einen Oberen oder eine Oberin er=
nennen. Diese erhalten, damit es ihnen an Nichts gebricht,
eine Pension von 600 fl., die Geistlichen und Nonnen von
300 fl., und ein Abt oder eine Aebtissin, welche in diese Ge=
meinschaft treten, jährlich 500 fl. — Die beiliegende Tabelle
weist schon von dem Vermögen der zwölf Karthäuserklöster und
des Camaldulenserklosters auf dem Kalenberge bei Wien ein
jährliches Einkommen von 135.895 fl. aus. Die Frauenklöster
können erst später verzeichnet werden. — Die Kreisämter hätten
den Eremiten zu befehlen, daß sie ohne Rücksicht, ob sie als
Meßner oder auf andere Art den Kirchen dienen, bei Strafe
des Arrestes in vierzehn Tagen ihre Eremitenkleider ablegen
und die Einsiedeleien verlassen. Wegen ihrer Gelübde sollen sie
sich an die Seelsorger wenden. Wenn sie sich als Meßner
oder Schullehrer gebrauchen lassen, behalten sie ihre Stiftung.
Die Einsiedeleien sind wie weltliche Wohnungen zu betrachten.
Die Camaldulenser auf dem Kalenberge können, da in den
deutschen Erblanden kein anderes Kloster besteht, in die unga=
rischen Klöster ihres Ordens eintreten. 4. Zur Aufnahme des
Vermögens der aufgehobenen Klöster soll die Landesstelle zwei
Commissäre ernennen, welche gemeinschaftlich mit einem vom

Ordinarius abgeordneten geistlichen Commissär und einem Buchhal=
tungsbeamten sich in das Kloster begeben, dort die kaiserliche
Entschließung der Klostergemeinde kundmachen, mit Bescheidenheit
und gütigem Betragen das Vermögen übernehmen und darüber
ein Inventar in duplo verfassen, wovon eines der Landesstelle,
eines dem Bischofe einzusenden ist. Die Commissäre sollen die
Wirthschaftsbeamten in Pflicht nehmen und von allen, welche
mit der Verwaltung des Vermögens zu thun haben, einen Eid
verlangen, daß sie alles getreu offenbaren wollen. Die Eides=
ablegung ist von ihnen zu bestätigen. Was von dem Ver=
mögen den Geistlichen oder Nonnen persönlich gehört, wird
ihnen ausgefolgt. Die Pension ist in Vorhinein zu zahlen und
wenn die Barschaft nicht ausreicht, ein Vorschuß aus dem
Cameralfond zu leisten. — Wegen des großen Aufsehens und
weil es sich doch um Stiftungsgüter handelt, wäre es nicht
räthlich, das Vermögen der Klöster zur Hofkammer zu ziehen.
Es sei am besten, dasselbe durch eine Landesadministration, zu
welcher auch der Bischof einen Commissär ernennt, verwalten
zu lassen."

Diesem Gutachten des Hofkanzlers war noch eine beson=
dere Erörterung und der Entwurf des Rescriptes für die Län=
derstellen beigelegt. Hofrath Heinke, welcher diese Schriftstücke
gearbeitet hatte, schlägt vor: [1] Von den Mannsklöstern seien
nur jene der Karthäuser und Camaldulenser aufzuheben und
alle anderen auszuschließen, weil sie sich mit der Seelsorge in
eigenen oder fremden Kirchen beschäftigen und dafür wahrhaft
unentbehrlich sind; auch die Eremiten des heil. Augustin und
heil. Paulus, die sogenannten Augustiner und Pauliner sind
auszuschließen, weil sie den Gottesdienst versehen und an den
Schulen lehren. „Unter den Eremiten der kaiserlichen Ent=
schließung seien nur die Waldbrüder gemeint, welche zwar in
einzelnen Ländern eine Art Congregation bilden, sonst aber zer=

---

[1] Allerunterthänigste Vorschläge. A. M. d. J.

streut wohnen, unter dem Vorwand ihre Brüder zu besuchen, ein vagabundirendes Leben führen oder in einem Franciscaner- oder Capucinerhabit als Meßner dienen, überall ohne Genossen herumlaufen und sich ganz allein überlassen, ohne Disciplin und Ordnung das Ordenskleid mehr entehren als ein gutes Beispiel geben. Ihre Aufhebung war schon vor einigen Jahren im Werk, man wisse nicht, warum sie unterblieben sei." Von den Frauenklöstern seien jene der Carmeliterinnen, Clarissinnen, Capucinerinnen ausdrücklich genannt; aber es heiße in der kaiserlichen Entschließung: „und dergleichen mehr." Es seien daher auch andere Frauenklöster, in welchen die Nonnen bloß zu einem beschaulichen Leben verpflichtet sind, aufzuheben. Einige dieser Klöster nehmen wohl gegen bare Bezahlung Kostfräulein und Wittwen auf, aber dies geschehe nur zum Vortheile des Klosters, nicht um dem Staate zu nützen. Wenn ein Frauenkloster nicht die Kranken pflegt, Schulen hält oder die Jugend erzieht, wie die englischen Fräulein oder Salesianerinnen, ist dasselbe aufzuheben.

Der Entwurf des Rescriptes für die Länderstellen faßte seine und des Kanzlers Vorschläge zusammen. Um das Publicum über die Absichten der Regierung aufzuklären und den Länderstellen eine principielle Weisung zu geben, wünschte Heinke als Einleitung folgende Ausführung: „Es ist eine bekannte Wahrheit, daß die weltliche Macht die Aufnahme eines geistlichen Ordens in ihre Staaten in keiner anderen Absicht bewilligt hat, als daß die Ordensglieder ihre Berufspflichten zur Beförderung des wahren Besten der heiligen Religion und des Staates erfüllen sollen, gegen welche allzeit ordentliche Bedingung die Ordensleute beiderlei Geschlechts sofort den Schutz, anständigen Unterhalt und Alles, was sie an zeitlichen Gütern von jeher besitzen, genossen haben. Es ist ferner bekannt, daß viele katholische Fürsten und Staaten die aufgenommenen geistlichen Orden ihres Schutzes und der Temporalien entsetzt und solche zu anderen gottgefälligen frommen Werken bestimmt haben, sobald

die lange Erfahrung bewiesen hat, daß die gehegte gute Absicht
verfehlt, die Bedingung nicht erfüllt und somit dem Zwecke
ihres Daseins bei der Aufnahme nicht entsprochen wurde.
Wie nun besonders jene geistlichen Orden alle Aufmerk=
samkeit rege machen, welche nach und nach in eine solche Ver=
fassung gekommen sind, daß sie dem Nebenmenschen und dem
Staate ganz und gar unnütz geworden sind und weder zur
Verbreitung der Religion, noch zur Unterstützung der Seelsorge,
noch zur Verbreitung der Wissenschaft und der nützlichen Kennt=
nisse das mindeste beitragen, sehen wir uns verbunden, nach
dem Beispiele anderer katholischer Regenten auch unsere Be=
mühungen dem wahrhaften Besten der Religion und des Staates
zu widmen und aus der uns von Gott verliehenen Macht ge=
setzmäßig Folgendes zu verordnen: u. s. w."

Der Kaiser genehmigte die Vorschläge der Hofkanzlei.
Nur in einem Puncte wich er von denselben ab: er befahl die
Verwaltung der Klostergüter der Hofkammer einzuräumen, und
zwar soll unter ihrer Leitung in jedem Lande eine besondere
Administration eingerichtet und dazu ein Mitglied der Stand=
schaft und insbesonders ein Abgeordneter des Prälatenstandes
beigezogen werden. Die Klostergeistlichen, welche in den Welt=
priesterstand übertreten, sollen in der Seelsorge keinem Welt=
geistlichen vorgezogen, sondern nur mit einfachen Beneficien
bedacht werden. Die Dispens von den Ordensgelübden haben
die Bischöfe zu verleihen und diese sollen deßwegen an ihr Recht
erinnert werden. Den Beamten wurde die strengste Geheim=
haltung anbefohlen, besonders für Galizien, um die Verschlep=
pung des Geldes und der Pretiosen in die Republik Polen,
wie es von den Jesuiten geschehen ist, zu verhindern. [1])

---

[1]) Der Kaiser schrieb diesen Erlaß eigenhändig auf das Gutachten
der Hofkanzlei; wegen der Geheimhaltung fügte er bei: „maßen von die=
ser Anordnung den nämlichen Tag, als von mir nur die Resolution er=
gangen ist, bereits durch die ganze Stadt ausgeplaudert war." A. M. d. J.

Ein Handbillet setzte die Hofkammer von der kaiserlichen Ent=
schließung in Kenntniß und forderte sie zugleich auf, sich wegen der
Uebernahme und der Verwaltung des Klostervermögens mit der Hof=
kanzlei zu berathen. [1]) Am 3. Jänner 1782 trat eine gemischte
oder sogenannte Concertations=Commission zusammen: der Oberst=
kanzler Graf Blümegen, der Kanzler und Vicekanzler Graf Joseph
und Graf Heinrich Auersperg, die Hofräthe Heinke und Margelik,
der Secretär Bischeldörfer; von der Hofkammer der Präsident
Graf Kolowrat, der Vicepräsident Graf Batthyanyi, die Hof=
räthe Ugarte, von Bolza, Braun, der Secretär Dornfeld; fer=
ner der Präsident der Hofrechenkammer Graf Khevenhüller.
Die Commission einigte sich in folgenden Vorschlägen: 1. Soll
der landesfürstliche Commissär, welcher in den Klöstern die
Aufhebung kundmachen wird, zugleich die Stelle eines Cameral=
repräsentanten bekleiden und hat zunächst für die Sicherheit
des beweglichen und unbeweglichen Vermögens durch ein In=
ventar zu sorgen. 2. Für die Uebernahme bestellt die Landes=
stelle, welcher ohnehin die Cameralgeschäfte untergeordnet sind,
eine Commission, welcher ein ständischer Verordneter und ein
Ausschuß des Prälatenstandes beizuziehen ist; diese ernennt der
Kaiser, die übrigen Mitglieder der Landeschef. 3. Die Ein=
nahmen und Ausgaben der Gelder besorgt die Cameralkassa
der Provinz, die Regie der liegenden Güter übernimmt die
Direction der Cameral= und Jesuitengüter; diese hat auch für
den Unterhalt der Geistlichen und Nonnen zu sorgen, bis sie
das Kloster verlassen; der Geistliche erhält täglich 40 kr., die
Klosterfrau täglich 30 kr., wofür sie Kost, Trunk und Kleidung
bestreiten; von den Klostervorräthen darf nur das Holz unent=
geltlich gegeben werden. 4. Die Zeit des Austrittes ist auf
fünf Monate zu erstrecken, weil die Ordensglieder die Säcu=
larisirung oder die Aufnahmen in ein anderes Kloster abwarten
müssen.

---

[1]) Handbillet vom 31. December 1781. Original. A. M. d. J.

Der Kaiser genehmigte die Anträge mit geringen Aenderungen: „In der Hauptsache, schrieb er auf die Vorlage, beangenehme ich das gemeinschaftliche Einrathen. Es sind aber zu Commissären geschickte, bescheidene und zugleich standhafte Subjecte zu wählen, welche ohne sich durch etwas irre machen zu lassen, in unvorhergesehenen Fällen sich mit anständiger Art zu benehmen wissen werden. Das für die Ordenspersonen bis zum wirklichen Austritt angetragene tägliche Kostgeld ist nicht jedem auf die Hand zu geben, sondern dem jeweiligen Klostervorsteher zu verabreichen, damit er für sich und seine Mitbrüder oder Schwestern jene Kost, welche vom Kloster aus gereicht wird, verschaffe. In Ansehung der bei Prälaten in Diensten stehenden Leute ist dem bescheidenen Ermessen der Commissäre zu überlassen, auch für diese Dienstleute, deren augenblickliche Abschaffung für sie zu hart sein würde, das Nöthige wegen ihres einstweiligen Aufenthaltes zu veranlassen, auch dem Prälaten zur Kost ein angemessenes Quantum an Geld zu bestimmen."

In Folge dieser Entschließungen wurde das Rescript an die Länderstellen ausgebreitet, welches am 12. Jänner 1782 die kaiserliche Sanction erhielt und als das eigentliche Gesetz über die Klosteraufhebung zu betrachten ist. Es unterschied sich in einigen Puncten von der Vorlage Heinke's vom 17. December. Der Eingang mit der principiellen Erörterung war weggeblieben; statt zweier Commissäre wurde einer bestimmt, die Aufhebung eines Klosters zu vollziehen, das Vermögen und die Verwaltung übernimmt die Hofkammer u. a. Das Gesetz ist in seinen allgemeinen Theilen bekannt, aber wir theilen es hier seinem vollen Inhalte nach mit: [1]) „Wir haben aus erheblichen Ursachen für gut befunden, alle Klöster nachstehender Orden in unsern Erbländern aufzuheben und

---

[1]) Wien, C. A. Graz. St. A. Fasc. 204. Unterzeichnet sind der Oberstkanzler Blümegen, der Kanzler und Vicekanzler Graf Joseph und Graf Heinrich Auersperg.

über Personen und Vermögen nachfolgendes zu verfügen:
1. Alle Ordenshäuser, Klöster, Hospizien oder was diese
geistlichen Versammlungshäuser sonst für Namen haben mögen,
vom männlichen Geschlecht des Karthäuser=, Camaldulenser=
Ordens und die Eremiten oder sogenannten Waldbrüder,
dann vom weiblichen Geschlecht der Carmeliterinnen, Cla=
rissinnen, Capucinerinnen, Franciscanerinnen werden aufge=
hoben, und das gemeinschaftliche Leben der darin befindlichen
Personen soll aufhören. 2. Hat die Art der Aufhebung in
folgender Gestalt zu geschehen: Das Landesgubernium wird nach
Empfang dieses Rescriptes einen tauglichen Commissär mit der
erforderlichen Instruction und einem Creditiv nebst einem ge=
schickten Mann von der Cameralbuchhaltung in ein jedes
Kloster der genannten Orden mit dem Auftrage absenden, daß
der Commissär unter beständiger Beobachtung der größten
Bescheidenheit und eines gütigen Befragens den obrigkeitlichen
Personen und der ganzen geistlichen Gemeinde die höchste
Entschließung kund mache und ihnen bedeute, daß von nun an
keiner von den da befindlichen Novizen oder Novizinnen oder
anderer Mitglieder des Ordens, die noch nicht Profeß abge=
legt haben, Profeß zu machen befugt sei. Die Publication
wird zu Protocoll genommen und von den Oberen, der Oberin,
dann vom Senior des Klosters, daß ihnen die Publication
geschehen sei, unterfertigt. Nach der Publication soll der
Commissär die Schlüssel der Kassen, Kirchenschätze, Archive und
Vorrathshäuser verlangen, alles jene, was zum täglichen Ge=
brauche in der Kirche und in dem Hause auf die Zeit des
Dableibens der Ordenspersonen nicht nothwendig ist, versiegeln,
das aber, was zur täglichen Nothdurft gehört, unversiegelt
lassen. Es soll sogleich ein Inventar verfaßt, und die Ver=
rechnung einem geschickten auch getreuen weltlichen Beamten
übergeben werden, welcher den Geistlichen den täglichen Unter=
halt, bis sie auseinander gehen, entrichtet. 3. Die obrig=
keitlichen Personen, der Procurator in Wirthschafts= und

anderen Temporaliensachen, kurz alle Individuen, welche mit der Verwaltung des beweglichen und unbeweglichen Vermögens des Klosters, der Kirche, Kapelle, der Bruder= schaften von Amtswegen beschäftigt sind, sie mögen Geist= liche, Laienbrüder oder Laienschwestern oder Weltliche sein, sind zur Ablegung des Manifestationseides in die Hände des landesfürstlichen Commissärs nach der beigelegten Formel an= zuhalten. Der Commissär hat sie noch zu ermahnen, den Schwur zu halten, widrigenfalls sie schwere Strafen zu er= warten haben. Der Act wird in dem Commissionsprotocolle bemerkt. 4. Die landesfürstlichen Commissäre haben sich in ihrem Geschäfte durch keine Anstände, auch nicht durch die Clausur, welche dem landesfürstlichen Commissär immer offen stehen muß, irre machen zu lassen. Sie haben ihren Auftrag mit Anstand und Würde zu vollziehen, doch ist zur größeren Vor= sicht von jedem Diöcesan ein Befehl an das Kloster abzuver= langen, daß sich dieses genau zu fügen habe. 5. Nach Ueber= nahme des beweglichen und unbeweglichen Vermögens ist ein Inventar in duplo abzufassen, wovon ein Exemplar der Lan= desstelle vorgelegt, das andere nach Wien geschickt wird. Die Verwaltung des gesammten Vermögens ist der Hofkammer zu übergeben, welche dafür sorgen soll, daß die Geistlichen bis zur Ausmessung und Zahlung der Pensionen sowohl mit Kost und Kleidung wie bisher, jedoch ohne Ueberfluß und Hospitalität ver= sehen werden. 6. Alles in ihren Zellen oder bei ihren Oberen befindliche, welches zum Privatgebrauche bestimmt war, Bilder, Bücher, Mobilien und Geräthschaften sollen jedem oder jeder insbesondere verbleiben; auch hierüber ist ein Inventar zu verfertigen; es ist ihnen aber gestattet, wenn sie aus dem Hause gehen, dieses Inventar mitzunehmen.

Ferner ist allen zu eröffnen oder auch schriftlich zu be= deuten: a. Welche den Profeß nicht abgelegt haben, erhalten ein für allemal 150 fl. und haben binnen vier Wochen das Kloster zu verlassen; was sie mitgebracht, dürfen sie mit=

nehmen. b. Es bleibt den Geistlichen wie den Klosterfrauen frei, sich aus Oesterreich in fremde Klöster zu begeben; in diesem Falle sind sie mit einem Passe und einem angemessenen Reisegelde zu versehen, ohne aber eine weitere Pension zu erhalten. c. Jenen, welche in einen anderen Orden über= treten wollen, wird auf ihr Anmelden alle Unterstützung und ein jährlicher Betrag von 150 fl. gewährt; wenn sie aber barmherzige Brüder oder Piaristen werden, sollen einem jeden jährlich 300 fl. und den Frauen, welche Elisabetherinnen werden, jährlich 200 fl. aus dem Camerale geleistet werden. d. Welche in den Weltpriesterstand treten, erhalten neben dem landesfürstlichen titulo mensae so lange eine jährliche Pension von 300 fl., bis sie durch ein Beneficium versorgt sind. Wenn ein Abt der Karthäuser in den Weltpriesterstand übergeht, erhält er jährlich 800 fl. bis zur Versorgung mit einer Pfründe. Wegen der Auflösung des Ordensgelübdes ist der vorge= schriebene Weg einzuschlagen. Verhältnißmäßig gilt dies auch für die Nonnen. e. Jenen Ordensgeistlichen, welche nach ihrer Ordens= regel Gott in stiller Ruhe und von allen Weltlichen abgeson= dert dienen wollen, steht frei, nach ihrer Ordensregel fortzu= leben, jedoch müssen sie ein Kloster eines anderen Ordens zum Aufenthalte wählen, welchem Kloster dann der Betrag für ihren Unterhalt entrichtet wird. In den aufgehobenen Klöstern der Mannsorden darf Niemand bleiben, der nicht in so hohem Alter und so kränklich ist, daß er deßwegen nicht in einem anderen Kloster oder bei Verwandten aufgenommen wird. Ueber diese ist zu berichten. Die Professen der Frauenorden, welche nicht in einen andern Orden übertreten, können in einem anzuweisenden Kloster beisammen bleiben, jedoch wird ihnen von der Landesstelle und dem Ordinariat eine Lebensordnung vorgeschrieben und ein geistlicher Vorgesetzter bestimmt.

7. Die Kreisämter haben den Eremiten oder Wald= brüdern, ob sie als Meßner den Kirchen dienen oder nicht, zu befehlen, daß sie in vierzehn Tagen ihre Eremitenkleider auf

immer ablegen. Wo Stiftungen sind, können sie als Meßner
oder Schullehrer fortdienen, müssen aber verzeichnet werden.
8. Die Kirchenschätze werden im Inventar verzeichnet. In
dem Bericht ist zu melden, ob das Volk eines Ortes ver=
langt, daß der Gottesdienst in der Kirche fortgesetzt werde.
Dabei werden den Commissären kluge angemessene Maßnahmen
empfohlen."

Auf Befehl des Kaisers erließ die Hofkammer am
13. Jänner 1782 ein besonderes Decret an die Länderstellen,
in welchem einiges ergänzt und näher bestimmt wurde [1]).
„1. Die Administration aller beweglichen und unbeweglichen
Güter der aufzuhebenden Klöster ist an die Hofkammer zu über=
tragen. 2. Der Commissär hat zur Uebernahme einen Buchhal=
tungsbeamten und in den Städten einen Beamten der Cameral=
kassa zu verwenden; die Beamten der Klöster leisten den
Manifestationseid; das Inventar ist dreifach abzufassen; eines
bleibt bei der Landesstelle, das zweite ist der Direction der
Cameral= und Jesuitengüter, das dritte der Hofkammer zu über=
geben. 3. Die Barschaft, die Obligationen und Pretiosen sind
an die Cameralkassa abzuliefern. 4. Die Direction der Cameral=
und Jesuitengüter übernimmt die Verwaltung des gesammten
Klostervermögens. 5. Alle Klosterleute haben nach fünf Monaten
das Ordenshaus zu verlassen. In dieser Zeit erhält jeder Ordens=
geistliche täglich 40 kr., jede Klosterfrau 30 kr., der Prälat
3 fl. für Kost, Trunk und Kleidung; das Holz ist von den
Vorräthen zu nehmen; weiter wird nichts unentgeltlich verab=
folgt. 6. Die noch nicht Profeß abgelegt haben, verlassen das
Kloster und erhalten eine Abfertigung von 150 fl. 7. Die Er=
klärung der Individuen, welche in ausländische Klöster ihres
Ordens, welche in einen andern Orden treten oder welche
säcularisirt sein wollen, ist tabellarisch zu verfassen und einzusenden.
8. Bei der Landesstelle wird eine Commission eingesetzt,

---

[1]) Wien A. M. d. J. Graz, St. A.

bestehend aus dem Landeschef, dem Cameralreferenten, einem
weltlichen und einem geistlichen Verordneten. Die Commission
hält in der Woche zwei Sitzungen."

Diese Decrete wurden sogleich an die Gubernien in
Prag, Brünn, Graz, Görz, Innsbruck, sowie an die Landes=
regierungen in Freiburg für die Vorlande, in Wien und Linz
verschickt. Der Gouverneur ordnete die „Klosteraufhebungs=
commission" an; diese bestimmte für jedes Kloster einen beson=
deren Commissär, für jene in den Städten einen Gubernial=
oder Regierungsrath, für die Klöster auf dem Lande den
Kreishauptmann. Der Commissär verfügte sich in das Kloster,
zeigte dem Vorstand den Ordinariatsbefehl, welcher ihm die
Clausur öffnete und las dann den im Capitelsaale oder im
Refectorium versammelten Mönchen und Nonnen das kaiserliche
Gesetz vor. Der Obere, die Oberin, der Senior unterfertigten
den Publicationsact, und jene, welche mit der Verwaltung zu
thun hatten, leisteten den Manifestationseid. Sie gelobten
darin, alles, was dem Kloster oder der geistlichen Gemeinschaft
an beweglichen oder unbeweglichen Gütern, an Stiftungen,
Schuldforderungen, barem Geld, Pretiosen zu eigen ist oder
unter was immer für einem Titel zugehört, getreu zu offen=
baren, zu übergeben, nichts zu verhehlen, zu verbergen, keine
Ausflucht oder reservatio mentalis zu gebrauchen, vielmehr
jeden anzuzeigen, der etwas unterschlagen würde.[1] Der Com=
missär begann hierauf mit Hilfe eines Buchhaltungsbeamten,
den ihm die Regierung beigegeben hatte, das Verzeichniß der
Güter, Gebäude, Kirchenschätze, Bücher und Handschriften. Es
war dies ein zeitraubendes Geschäft, welches oft Wochen und
Monate lang dauerte. Der Commissär erstattete dann seinen
Bericht, welcher der Landesstelle und Hofkanzlei vorgelegt wurde.
Eine Defraudation konnte nicht leicht vorkommen, alles war
geschäftsmäßig geordnet, jedem Betrug oder Widerstand vorge=

---

[1] Formula juramenti manifestationis. Wien, C. A. Graz, St. A.

beugt. Im Allgemeinen haben sich diese Commissäre mit Anstand und Würde benommen, obwohl einzelne nur ungern ihre Pflicht erfüllten.

Das Klostergesetz, seine rasche Durchführung, das Toleranzedict, welches nur wenige Monate jünger war, die offene Absicht der Regierung, die äußere Stellung der Geistlichen selbständig zu ordnen und der weltlichen Gewalt alles zu vindiciren, „was nicht göttliche, sondern menschliche Erfindung und Einsetzung sei",[1]) alles das machte das größte Aufsehen in Europa. Die Curie war davon erschreckt. Die Berichte des Nuntius in Wien offenbarten den bedeutungsvollen Inhalt der Gesetze von 1781, 1782 und die weiteren Bestrebungen der Regierung. Was die Kirche mit Energie und Eifersucht durch Jahrhunderte gehütet hatte, begann der Staat Oesterreich aus eigener Macht zu beherrschen und zu ordnen. Es wurde ein Reformationsrecht geltend gemacht, wie in keinem anderen katholischen Staate, selbst in Frankreich nicht, das seit Jahrhunderten dem römischen Hofe gegenüber eine selbständige Stellung eingenommen hatte.

Mitte Jänner wurde in Rom bekannt, daß der Papst nach Wien reisen wolle. Anfangs glaubte Niemand daran, der österreichische Gesandte Cardinal Herzan gab sich alle Mühe, dem Papste davon abzurathen. Die Reise hat wie bekannt doch stattgefunden. Papst Pius VI. verließ Rom am 27. Februar 1782, betrat am 14. März das österreichische Gebiet, hielt sich in Laibach und Graz auf, traf am 22. März in Wien ein und blieb bis zum 24. April.[2]) Die Regierung hatte die Behörden angewiesen, dem heiligen Vater, weil er incognito reise und nur in Klöstern und geistlichen Häusern absteige, keine anderen öffentlichen Ehren zu bezeigen, als welche

---

[1]) Antwort des Fürsten Kaunitz auf die Note des Nuntius, 19. December 1781.

[2]) Die Reise ist oft geschildert, zuletzt in: C. Ritter, Kaiser Joseph II. und seine kirchlichen Reformen 1867.

der Respect und das Ansehen seiner geistlichen Würde verlangte.[1])
Man weiß, in welcher feierlichen, tief ergebenen Weise der Kai-
ser dem heiligen Vater huldigte, wie er dem Oberhaupte der
Kirche alle Ehren erwies, wie er bei dem Scheiden vor ihm
auf die Knie sank und seinen Segen empfing; aber das per-
sönliche Erscheinen des Papstes, seine Vorstellungen und alle
Verhandlungen und Anstrengungen des Nuntius haben an dem
Gange der Dinge nichts geändert.

Was die Aufhebung der Klöster betrifft, so fuhr die Regierung ohne Einhalt und Einschränkung in ihrer Thätigkeit
fort. Da die Hofkanzlei die Geschäfte nicht mehr zu bewältigen
vermochte, wurde, wie erwähnt, am 26. Juli 1782 eine sogenannte „geistliche Hofcommission" für alle deutschen und ungarischen Erbländer eingesetzt. Das Verzeichniß der Geschäfte,
welche dieser Commission zugewiesen wurden, kennzeichnet die
ausgreifende Thätigkeit der Regierung auf dem kirchlich-politischen
Gebiete.[2]) 1. Die Bestimmung und Ausarbeitung der allgemeinen Gesetze in publico-ecclesiasticis. 2. Die Erläuterung
und Abänderung derselben. 3. Die Aufhebung und Zertheilung,
die Errichtung der Erzbisthümer und Bisthümer. 4. Die
Trennung der Diöcesen ausländischer Ordinarien. 5. Alle
Gegenstände mit Rom. 6. Zweifelhafte Fälle über das Profeß-
alter. 7. Alles, was die Klosterkerker betrifft. 8. Die Publication der landesfürstlichen Gesetze, welche den Clerus betreffen.
9. Reservationen oder andere Forderungen des päpstlichen
Stuhles, z. B. aus den Concordaten. 10. Was die Exemtion
von der bischöflichen Gewalt betrifft. 11. Testamentsfragen
des Clerus und die darüber bestehenden Gesetze. 12. Was die
Absendung der Gelder nach Rom oder in ausländische Klöster,
13. was die Geldausflüsse und andere Sendungen an ausländische Ordinarien betrifft. 14. Recurse gegen den Mißbrauch

---

[1]) Der Kaiser an den Oberstkanzler, 3. März 1782.
[2]) 13. August 1782. Graz, St. A.

der Kirchengewalt von Seite des Bischofes oder der Consistorien. 15. Fälle von Ehedispensen. 16. Die Einrichtung der
Pfarren in allen Ländern, wo neue Beneficien zu errichten,
andere zu zertheilen sind. 17. Patronatsstreitigkeiten und die
Dotation der Kirchen. 18. Die Religionskassa, die vom Sä-
cular und Regularclerus, von Brüderschaften und Kirchen zu
leistenden Beiträge; was das Vermögen der geistlichen Häuser
überhaupt betrifft. 19. Die allenfalls nöthige Aufhebung der
Klöster, welche für das Publicum nicht nothwendig sind, die
Aufrechthaltung der übrigen in ihrem Vermögensstande. 20. Die
Beschränkung und Aufhebung der Sammlungen. 21. Alles,
was für das Placetum regium einlangt. 22. Was die
successio a clericis vel post clericos betrifft. 23. Untersuchungen in Klöstern wegen Excessen und Unordnungen.
24. Der Erwerb der Geistlichen nach den Amortisationsge-
setzen. 25. Die Protokolle der Filialcommissionen. 26. Alle
Administrationssachen der Güter von aufgehobenen Klöstern.
27. Alle Pensionen und Zahlungen für die Mitglieder der aufgehobenen Klöster. 28. Alle Einkünfte der aufgehobenen und
noch aufzuhebenden Klöster, deren Vereinigung mit der Religionskassa. 29. Alle Gegenstände, welche mit dem Spiritualen
in näherer Verbindung stehen, so mit der Lösung von feierlichen Gelübden, der Mißbrauch bei Ablässen, Andachten, Processionen, wunderthätigen Bildern, Bruderschaften, Predigten,
Segen u. a. 30. Die Einrichtung der Directorien. 31. Die
innere Disciplin des Regularclerus, Beurtheilung der Einrichtung der Klosterinstitute, der Statuten der Provincialcapitel.
32. Causa irregularitatis et suspensionis a ministris, causa
circa ordinationes. 33. Officia circa curam animarum
aut defectus. 34. Die Aufhebung der Tertiarinnen und ähnlicher Congregationen. 35. Die Kirchenstrafen gegen weltliche
Personen. 36. Beurtheilung der Statuten bei Domcapiteln.
37. Gegenstände, welche die beneficia simplicia betreffen.
38. Einrichtung und Erhaltung der Priesterhäuser. 39. Be-

stimmung der Messen und Andachten nach der Volksmenge der
Ortschaften. 40. Wahl und Ernennung der Bischöfe und
Coadjutoren. 41. Eintheilung der inländischen Diöcesen. 42. Re=
gulirung der inländischen Diöcesanprovinzen der Ordensgeist=
lichen, Aufhebung der Verbindung mit auswärtigen Ordens=
häusern, Bestellung der Confirmation der Ordensoberen. 43. Die
Collation der landesfürstlichen Beneficien, die Naturalisirung
geistlicher Personen. 44. Bestimmung der Personenzahl in
Klöstern. 45. Was die Asyle, die Excommunication und Cen=
sur betrifft, nach den bestehenden Gesetzen. 46. Prüfungen
der Ordensgeistlichen und deren Anstellung.

Die „Klosteraufhebungscommissionen" in den Provinzen
wurden aufgelöst und dafür bei jeder Landesregierung eine
„geistliche Commission" eingesetzt, welche als Filiale der
Hofkommission in Wien fungirte und an diese berichtete.
Eine Instruction vom 13. August 1782 enthielt Weisungen
über ihre Zusammensetzung, über den Umfang und Inhalt
ihres Wirkungskreises und über die Geschäftsführung. Die
Commission sollte aus mehreren Räthen der Landesstelle be=
stehen. Der Landeschef schlägt die Mitglieder vor, ernennt
den Secretär, präsidirt aber nicht. Ein Geistlicher soll bei=
gezogen und in Eid genommen werden und zwar ein
solcher, „welcher die echten Grundsätze im geistlichen Fach
besitzt, die eigentlichen Grenzen der geistlichen und weltlichen
Macht wohl kennt, von der Landesverfassung und den Ge=
schäften gute Kenntnisse hat und überhaupt diesem wichtigen
Werk wohl gewachsen ist."

Als Geschäfte wurden diesen Filialcommissionen zuge=
wiesen: 1. Die Oberleitung über sämmtliche im Lande einge=
zogene Güter. 2. Die Pensionsvertheilung an die geistlichen
Individuen der aufgehobenen Klöster, und die jährliche Ver=
theilung der cassa parochorum et salis. 3. Alles, was auf
das zeitliche Wohl, die gute Ordnung und Ruhe des Staates
einen Einfluß hat, mithin auch der äußere Gottesdienst

und die äußere Disciplin, mit einem Wort alles, was nicht
die Glaubenslehre, die Administration der Sacramente und
innere Disciplin angeht. Im Allgemeinen soll, was die äußere
Disciplin betrifft, zurückgehalten werden, bis das Hauptwerk
vollkommen zu Stande gebracht sein wird. 4. Sie soll alle
geistlichen Lehen und Einkünfte vom Erzbischof und Bischof
herab bis zum geringsten Kaplan, ebenso die Einkünfte der
Andachten und Bruderschaften verzeichnen. 5. Sie soll den
Bedarf der Geistlichkeit für Städte und Land erheben. 6. Da
vermögliche Stifter und Klöster eine billige und hinlängliche
Quelle darbieten, von jenem, was sie über ihren Bedarf zum
Besten des Nächsten entbehren können, neu anzustellende Pfarrer
und Kapläne zu erhalten, so soll der Ueberschuß erhoben werden. 7. Die wirklichen Besitzer sind in der Administration
nicht zu hindern, nur soll die Rechnungslegung und Einsicht
gefordert werden, damit die Anweisung auf den Ueberschuß gemacht werden könne. Diese Klöster sind zu besserer Wirthschaft anzueifern und sollen sich einen weltlichen Administrator
halten. 8. Die Commission bestimmt in den Städten nach
der Volkszahl die Anzahl der Kirchen, in welchen Messen und
Andachten gehalten werden. 9. Messen, welche in Städten
nicht erforderlich sind, sollen in weniger dotirte Pfarren auf
dem Lande übertragen werden und zwar mit Beibehalt der
Intention des Stifters. 10. Die Abstellung der Bettelei der
Mendicanten ist am besten dadurch zu bewirken, daß man ihnen
etwas vom Vermögen der vermöglichen Klöster zutheilt. Die
Mendicanten sind nach Bedarf und Tauglichkeit zur Seelsorge
zu verwenden; es ist ihnen gestattet, in ihrer Klosterkirche eine
Sparbüchse aufzustellen; die Aufnahme von Novizen bleibt
einstweilen untersagt. 11. Die Klöster der Bettelorden sind
nur beizubehalten, wenn die Gegend ihres Beistandes für die
Seelsorge bedarf; außerdem sind diese Klöster aufzuheben und
die Mönche mit den in Städten befindlichen Klöstern ihres
Ordens zu vereinigen. Nur sollen die Klosterkirchen mit

Gnadenbildern, zu welchen Wallfahrten zu kommen pflegen,
mit Einverständniß der Ordinarien dem nächsten Pfarrer der
Nachbarschaft eingeräumt, dieser dahin übersetzt und die Kirche
zur Hauptpfarrkirche bestimmt werden. 12. Die Commission
hat für die Besetzung der landesfürstlichen Pfarren, Decanate,
Beneficien und anderer geistlicher Dignitäten Vorschläge zu
machen, muß sie jedoch der Landesstelle zur „Einbegleitung"
übergeben. 13. Ein Theil der Beschäftigung der Commission
ist die bereits angeordnete verhältnißmäßige Eintheilung und
Errichtung neuer Bisthümer, ebenso 14. die Beurtheilung, ob
die einlangenden päpstlichen Bullen und Breven zu approbiren
und ob denselben das Placetum regium zu ertheilen sei;
15. ebenso die Ueberlassung eines Gutes an die todte Hand,
jeder Erwerb der Geistlichen und geistlichen Gemeinschaften, sowie der Verkauf der Güter. 16. Alle Beschwerden der Welt-
und Klostergeistlichen gegen ihre Diöcesanen, die Recurse wegen
Mißbrauchs der geistlichen Gewalt gegen die Bischöfe und
Consistorien. 17. Alle Stiftungen, welche den Clerus angehen,
sind von der Landesstelle und Stiftungscommission an die
geistliche Commission zu übertragen.

Der dritte Theil der Instruction bezeichnete die Geschäftsführung und das Verhältniß der Filialcommission zur Landesstelle und Hofkanzlei. Alle Geschäftsstücke sind bei der Landesstelle einzureichen. Diese hält für alle in das geistliche Fach
einschlagenden Gegenstände ein eigenes Protokoll und weist sie
der geistlichen Commission zu. Die Beschlüsse der letzteren
sind binnen 24 Stunden mit der Unterschrift des Präsidenten
an die Landesstelle abzugeben, welche sie von acht zu acht Tagen
an die Hofkanzlei mit der Aufschrift „geistliche Commissions-
sache" einbegleitet. Zur Durchsicht der Protokolle bestellt der
Landeschef einen Referenten; alle Expeditionen der Commission
ergehen im Namen der Landesstelle.

Der Wirkungskreis dieser geistlichen Commissionen war
viel weiter und tiefer als jener des geistlichen Departements

der Hoftanzlei. Es war ein vollständiger Umschwung der
österreichischen Politik. Die Kirche sollte auf die Glaubens=
und Dogmenlehre, auf die Seelsorge und Spendung der Heil=
mittel zurückgedrängt werden. Selbst die Verfassung der Kirche
wurde angegriffen, der Eid, welchen die Regierung von den
Bischöfen verlangte, stellte diese unbedingt unter den Landes=
fürsten. Eine österreichische Nationalkirche war in Aussicht ge=
stellt. Noch 1789 schrieb de Luca:[1] „Die Freiheit der öster=
reichischen Kirche stieg zu einer Größe, die sie nie hatte und
welche selbst die weltbekannte Freiheit der gallicanischen Kirche
weit hinter sich ließ."

Was die Aufhebung der Klöster betrifft, so genügten in
der Praxis weder die Gesetze vom 12. und 13. Jänner noch
diese Instructionen, so umfassend und sondernd sie auch abge=
faßt waren. Bei der Durchführung entstanden eine Menge
streitiger Fragen, welche die Landesstellen nicht selbständig lösen
wollten, und welche eine Menge gesetzlicher Nachträge noth=
wendig machten. Die wichtigsten werden hier kurz angeführt; sie
betreffen die Versorgung der Exmönche und Exnonnen, die
Bücher, Paramente, Pretiosen und die Verwendung des Ver=
mögens der aufgehobenen Klöster.

Die Frist, nach welcher Geistliche und Nonnen die Klöster
verlassen mußten, blieb auf fünf Monate bestimmt; die Landes=
regierung kann in besonderen Fällen noch vierzehn Tage bewil=
ligen. Auch die Dienstleute können fünf Monate bleiben.
Den Eremiten wurden vier Wochen Zeit gelassen bis zur Räu=
mung der Einsiedelei. Mönche und Nonnen können in den
fünf Monaten wie gewöhnlich ihren Chor beten. Arzt und
Apotheke bleiben zu ihrer Verfügung. Die Tertiarier durften
schon seit 1776 keine Mitglieder mehr aufnehmen. 1782 wurde
die Aufhebung des dritten Ordens männlichen und weiblichen

---

[1] Oesterreichische Staatenkunde I. 180.

Geschlechts verfügt.[1]) Wer den Habit forttragen will, kann in ein
Franciscanerkloster eintreten. Jene Mitglieder, welche in den Klöstern der Franciscaner oder Clarissinnen leben, sind von den
Ordensoberen der Regierung namhaft zu machen: Die Pension,
welche die Exmönche und Exnonnen erhalten, ist bestimmt. Für jene,
welche wegen ihrer treuen Dienste, wegen ihrer Armuth oder
Hinfälligkeit eine besondere Rücksicht verdienen, kann die Landesregierung eine höhere Pension beantragen. Die Oberin eines
Frauenklosters erhält während der fünf Monate 1 fl. Taggeld.
Die Mönche und Nonnen haben sich wegen der Lösung von
ihren Gelübben an den Ordinarius zu wenden. Kein Commissär darf sich in die innere Disciplin eines Klosters ein-
mengen. Den Mönchen, welche sich säcularisiren lassen, wird
nebst der Pension eine Abfertigung von 50 fl., welche dann
auf 100 fl. erhöht wurde, gewährt. Die Nonnen, welche außer
Landes gehen, erhalten 100 fl. Reisegeld. Den Nonnen, welche
in einen für die Schule, Kinderzucht oder Krankenpflege nützlichen Orden treten, wird eine Pension von 200 fl., den Nonnen, welche zu ihren Verwandten oder in ein anderes sittsames
weltliches Haus in die Kost gehen wollen, wird eine Abfertigung von
100 fl., und, so lange sie unverheiratet bleiben, eine Pension von
150 fl. zugesichert; auch diese wurde später auf 200 fl. erhöht.
Da viele Nonnen sich geneigt erklärten, mit Beibehaltung ihrer
Regel in einen anderen Orden zu treten, wurde wiederholt, daß
sie in einem anderen Orden auch die Regel desselben annehmen
und sich allem Dienst, aller Arbeit fügen mußten. Die Gubernien haben den Stand und Aufenthaltsort der Exnonnen genau
zu verzeichnen. Den Nonnen, welche weder in die Welt noch

---

[1]) 23. September 1782. Die Tertiarier waren weltliche Klosterleute, welche ohne Gelübde und ohne Abschließung von der Welt in einer
Gemeinschaft verbunden und dem Franciscaner- und Augustinerorden
affiliirt waren. Wer in der Welt lebte, konnte die Abzeichen des Ordens
unter der weltlichen Kleidung tragen. Kaiser und Könige ließen sich aufnehmen.

in einen anderen Orden übertreten wollen, wird gestattet, wenn
sie vom Gehorsam gegen ihren Orden losgesprochen sind, in
einem Kloster beisammen zu wohnen und dort ihre Tage in
Ruhe und Einsamkeit zu beschließen. Die Regierung wollte
den Exnonnen in dieser „freien Gemeinschaft" eine besondere
Zuflucht gewähren und bestimmte die Einrichtung derselben bis
in's Einzelne. Sie sollte in geistlichen Dingen unter dem
Bischof, in weltlichen unter der Landesstelle stehen. Jede solche
Exnonne erhält eine Pension von 150 fl.; was sie verdient,
gehört ihr. Die Verpflegung ist gemeinschaftlich. Jede hat
ihr eigenes Wohnzimmer. Ihr Zusammenleben soll kein mön=
chisches Wesen an sich tragen, nur was die katholische Religion
von jedem Christen verlangt; wohl aber sind sie verbunden,
Keuschheit zu halten. Sie können ihre Ordenskleider abtragen,
sollen sich aber dann kleiden „wie die Jungfrauen der Gegend,
wo sie wohnen." Weil sie eine Gemeinschaft bilden, müssen
sie sich einer Hausordnung fügen. Ein Director wacht über
das Ganze, eine Oberaufseherin besorgt die Hauswirthschaft;
beide werden von der Landesstelle im Einvernehmen mit dem
Ordinarius ernannt. Als geistliche Uebungen sind vorgeschrie=
ben: Gebet, Gottesdienst, Beichte und Communion alle vier=
zehn Tage. Auch Exnonnen aus einer anderen Provinz können
eintreten; das Institut bleibt aber nur so lange, als diese
Exnonnen leben.[1] In Krain und Steiermark wurden solche
„Gemeinschaften" versucht; sie bewährten sich aber nicht und
die Nonnen verlangten in die Welt zurückzutreten.

Eine Reihe von Verordnungen gibt Zeugniß, daß die
Regierung ehrlich bemüht war, die wissenschaftlichen Schätze
der Klöster zu erhalten. Noch vor der Aufhebung wurde den
Gubernien befohlen, auf die Bücher und Handschriften beson=

---

[1] Hofdecrete vom 13. 18. 25. 27. Jänner, 4. 12. 21. Februar,
3. 9. 13. 26. März, 15. 22. April, 12. Juli, 26. 27. 28. September,
14. October 1782. Graz, St. A.

ders zu achten, damit nichts verschleppt werde, wie dies bei den
Jesuiten geschehen ist. Der Commissär soll die alten Codices
und Manuscripte in Verwahrung nehmen, und wenn kein Kata=
log vorhanden ist, dieselben bezeichnen. Der Befehl wurde
mehrmals wiederholt und ergänzt. Auch die Modelle, die
physikalischen und mathematischen Instrumente sollen wohl ver=
wahrt werden. Zur Untersuchung der Klosterarchive ist nicht
ein Geistlicher, sondern ein anderer „dem Werk gewachsener"
Mann zu verwenden. Ein Verzeichniß der Bücher und der
Manuscripte gelehrten Inhaltes ist an die Hofbibliothek in
Wien einzusenden; diese ist berechtigt, einzelnes auszuwählen.
Alle anderen werden der Universität und dem Lyceum der Provinz
überlassen. Die Documente und Handschriften, welche die
Verwaltung betreffen, werden der Cameralgüteradministration,
welche Stiftungen und Dotationen enthalten, der Landesstelle
übergeben. Der Fiscus hat von den Advocaten und Rechts=
freunden der Klöster die Proceßacten und anderen Schriften
einzufordern. Andere Weisungen erfolgten wegen der ehrwür=
digen Grabstätten und wegen Uebertragung der Gebeine von
verstorbenen Gliedern der kaiserlichen Familie in andere
Kirchen.[1)]

In den Städten sollen die Kirchen der aufgehobenen
Klöster, wenn die anderen Kirchen für den Gottesdienst aus=
reichen, im Einverständniß mit dem Ordinarius von allen
heiligen Gefäßen, Altarsteinen u. a. geräumt und entweiht
werden. Auf dem Lande werden die Klosterkirchen, wo sie noth=
wendig sind, mit aller Einrichtung beibehalten. Was an hei=
ligen Gefäßen, Ornaten, Kirchenwäsche, Bildern, Leuchtern u. a.
weggenommen wird, ist vom Gubernium im Einvernehmen des
Ordinarius nach Bedarf an die Landkirchen, besonders an die
neuen Pfarren zu überlassen. Die Pretiosen und alle besonders

---

[1)] Hofdecrete vom 15. Jänner, 6. April, 4. Mai, 7. Juni, 23. September 1782. St. A.

kostbaren und schönen Paramente sollen von beeideten Schätz=
leuten geschätzt und an das Camerale eingeliefert werden. Kost=
bare Monstranzen können gegen Vergütung den wohlhabenden
Stiftern und Prälaten überlassen werden. Was nicht vertauscht
oder verkauft wird, kommt gegen Ersatz des Werthes an das
Münzamt. Die Geräthschaften der Klöster, die Vorräthe an
Wein, Holz, Getreide u. a. sind zu verkaufen. Die ausstehen=
den Forderungen werden gekündet, eingetrieben, in öffentlichen
Fonden angelegt, die Passiven mit den einkommenden Geldern
gedeckt. Die Klostergebäude werden für Staatszwecke verwendet
oder verkauft, die Grundstücke, Wälder, Häuser, Gerechtigkeiten
vom Staate übernommen oder verkauft.[1])

Die Regierung hielt sich für vollkommen berechtigt, über
das Klostergut verfügen zu können. Es wurde geltend gemacht,
die geistlichen Orden seien in Oesterreich nur unter der Be=
bingung zugelassen worden, daß sie dem Weltpriesterstande in
der Seelsorge aushelfen und überhaupt dem Landvolke mit
ihrem geistlichen Beistande dienen.[2]) In Folge dessen könne
das Klostergut zum Besten der Kirche, namentlich zur Seelsorge
verwendet werden und der Absicht der Stifter sei dadurch nicht
zuwider gehandelt. „Nachdem, schrieb der Kaiser an den Ober=
hofkanzler,[3]) die Klöster der beschaulichen Orden aufgehoben
sind, so ist es an der Zeit, die Bestimmung bekannt zu geben,
die ich vom Vermögen derselben machen will. Weit entfernt,
das Mindeste davon zu entfremden oder einen bloß weltlichen
Gebrauch davon zu machen, will ich dasselbe zur Errichtung
einer Religions= und Pfarrkassa verwenden. Aus dieser sind
den Individuen die ausgewiesenen Pensionen zu bezahlen, der
Ueberschuß aber und nach Maß ihres Absterbens die Einkünfte
ganz allein zur Beförderung der Religion und des damit so

---

[1]) Hofdecrete vom 1. Februar, 28. Juni u. a. St. A.
[2]) Hofdecret vom 11. September 1782.
[3]) Handbillet an Graf Blümegen. 27. Februar 1782. Wien, C. A.

eng verknüpften und so schuldigen Besten des Nächsten zu ver=
wenden und zwar nach den Vorschlägen der Behörden." Statt
des Wortes „Kassa" wählte man, um eine juristische Person
zu bezeichnen, den Ausdruck „Religionsfond." Dieser wurde
der Eigenthümer des Klostervermögens und der eingezogenen
Beneficien. Das Vermögen der Jesuiten war in dem „Studien=
fond" vereinigt und wurde für Ausgaben des öffentlichen Un=
terrichtes verwendet. Der „Religionsfond" sollte rein kirchlichen
Zwecken dienen. Die Verwaltung war der Hofkammer, die
Verfügung der Hofkanzlei übertragen.

# III. Die Klöster in Innerösterreich.

Innerösterreich, d. h. nach der alten volksmäßigen Bezeichnung und nach der Josephinischen Eintheilung Steiermark, Kärnten
und Krain, stand seit der Theilung der österreichischen Erblande
1564 in einem föderativen Verbande mit den übrigen Ländern des
Hauses Habsburg, und hatte auch nach der Wiedervereinigung 1619
durch die Autonomie seiner Landtage und die Vereinigung der
Verwaltung eine föderative Stellung behalten. Diese wurde
erst durch die Centralisation unter Maria Theresia und Joseph II.
überwunden. Unter Maria Theresia führte das innueröster-
reichische Gubernium in Graz die Verwaltung in den drei
Kronländern; auch die Regierung von Istrien und Friaul war
damit vereinigt. Die altständischen Institute der Landeshauptmannschaften in Kärnten und Krain standen wie die Kreishauptleute unter dem Gubernium. Bei der Durchbildung der
rein staatlichen Verwaltung unter Kaiser Joseph wurden diese
Landeshauptmannschaften aufgelassen und die Summe ihrer
Verwaltungsrechte dem Gubernium in Graz zugetheilt, so daß
von 1783 bis 1786 Innerösterreich wieder eine Provinz Oesterreichs darstellte. Erst 1786 schuf Joseph II. in Kärnten und
Krain eigene Landesstellen mit einem Landeschef an der Spitze,
welche unabhängig von dem Gouverneur in Graz unmittelbar
mit der vereinigten Hofkanzlei in Wien als dem damaligen
Ministerium des Innern für Deutschösterreich correspondirten.
    Kirchlich stand Innerösterreich seit Karl dem Großen
unter dem Erzbischofe von Salzburg und dem Patriarchen von
Aquileja, und seit 1751 unter den Erzbischöfen von Salzburg

und Görz. 1751 war nämlich der Patriarch von Aquileja nach Venedig übersiedelt, und der österreichische Theil seiner Diöcese unter das neubegründete Erzbisthum Görz gestellt worden. Die Grenze der Erzdiöcesen bildete nach wie vor die Drau. Der Erzbischof von Salzburg verwaltete die geistlichen Angelegenheiten seines großen Sprengels mit Hilfe von Generalvicaren und mit Hilfe der drei Suffraganbischöfe von Gurk, Lavant und Seckau, deren Bisthümer schon im Mittelalter 1070, 1238 und 1219 ausgeschieden waren. Diese drei Bischöfe wurden erst 1786 durch ein Uebereinkommen mit Salzburg selbständig gestellt und sollten in ein besonderes Erzbisthum für Innerösterreich vereinigt werden. Die Diöcesanrechte des Bischofs von Bamberg in Oberkärnten waren schon 1759 an die Landesbischöfe übergegangen; die Herrenrechte in Villach, Bleiburg, Arnoldstein, Födraun u. a. O. hatte der Bamberger Bischof an die österreichische Regierung verkauft.

Mitten in diese Diöcesen waren bis Joseph II. eine Menge von Abteien und Klöstern eingestreut. Das mittelalterliche Kirchenwesen hatte sich hier und in den Vorlanden am längsten erhalten. Seit die Deutschen und Slaven nach der großen Wanderung zur Ruhe gekommen waren, seit unter der Hut der Kirchenfürsten von Salzburg und Aquileja das Christenthum innere Kraft und feste Formen gewonnen hatte, war das Volk in diesen Ländern an jeder kirchlichen Bewegung betheiligt. Der Investiturstreit wiederhallte in diesen Thälern, ein Theil der Kreuzfahrer nahm den Weg auf den alten Römerstraßen nach Italien und Byzanz, der Verfall der christlichen Ordnung im vierzehnten Jahrhundert wurde bis in die verborgensten kirchlichen Stätten fühlbar, und die Reformation ergriff das Volk von oben bis unten mit einer Gewalt und Ueberzeugung, daß es der so furchtbar gewaltthätigen Reaction Ferdinand's II. bedurfte, um den Katholicismus wieder zur Herrschaft zu bringen. Ebenso fand die religiöse politische Aufklärung des achtzehnten Jahrhunderts in Stadt und Land Anhang und Ver-

breitung. Von alten Zeiten her ist in diesem Alpenvolke
deutschen und slavischen Stammes eine religiöse, tief bewegte
Fühl= und Denkart lebendig. In seiner Geschichte finden
wir die strengste Gläubigkeit und den verzweifelnden Un=
glauben, Denkfreiheit und Aberglauben, Schwärmerei, Mystik
und den nüchternsten Radicalismus neben einander. Nur aus
der Geschichte dieses Volkes ist die Menge der kirchlichen Stif=
tungen, der Reichthum der Klöster und so manche andere Er=
scheinung zu erklären.

Vom Anfang des eilften Jahrhunderts an kamen die
Mönche der älteren Orden, die Benedictiner, Karthäuser, Cister=
zienser und Prämonstratenser. Ihr Losungswort war der Friede,
die Arbeit, das Gebet und die Einsamkeit. Sie bauten den
Boden, pflegten das geistliche Leben, die christliche Lehre und
Barmherzigkeit. Die Stifter der ersten Klöster waren zur Zeit
der sächsischen und salischen Kaiser die bairischen Grenzgrafen,
ihre Frauen und Wittwen, später die Fürsten des Hauses Oester=
reich. Das Stiftungsjahr kann von allen nicht genau ange=
geben werden. Als die ältesten Klöster in Innerösterreich wer=
den jene der Benedictinernonnen zu Göß in Steiermark und
zu St. Georgen am Längsee in Kärnten, beide vom Anfang
des eilften Jahrhunderts, bezeichnet. Das Benedictinerstift zu
St. Lambrecht in Obersteiermark entstand von 1060—1073,
das zu Admont 1074, das zu Ossiach in Kärnten vor 1026,
zu St. Paul im Lavantthal 1085—1093, zu Millstatt vor
1088, zu Arnoldstein 1107.[1]) Das Stift der weltlichen Chor=
herren zu Eberndorf in Kärnten entstand 1086—1106, jenes
zu Seckau 1140; die Stifter der Augustiner=Chorherren zu
Vorau 1163, zu Stainz 1229. Die meisten dieser Klöster,
namentlich jene der Benedictiner, waren schon von ihren
Gründern reich mit Gütern ausgestattet worden. Das Stifts=
gut galt als Gemeingut der geistlichen Gemeinde, war von den

---

[1]) Ankershofen, Geschichte von Kärnten, II. 876—927.

Gründern vielfach verclausulirt, und der Besitz von Päpsten und Bischöfen, Kaisern und Königen bestätigt. Die Klöster hatten die freie Wahl ihrer Vorstände, mehrere von ihnen, wie jene der Karthäuser, Cisterzienser, deutschen Herren und St. Lambrecht, waren von der bischöflichen Gewalt unabhängig. Das älteste Karthäuserkloster in Oesterreich und Deutschland ist jenes zu Seiz in Steiermark von 1151; die Karthause in Gairach wurde 1174, jene zu Freudenthal in Krain 1260 ge= gründet. Cisterzienserklöster entstanden 1128 zu Rein, 1327 zu Neuberg in Steiermark, 1147 zu Victring in Kärnten, 1135 zu Sittich, 1234 zu Landstraß in Krain. Die Prämon= stratenser erhielten 1233 eine Stätte zu Griffen in Kärnten.

Im dreizehnten Jahrhundert kam das neue Mönchsthum mit seiner entsagenden Armuth, seiner demokratischen Richtung und seiner ascetischen Mystik; so die Minoriten mit ihren Abzweigungen der Franciscaner, Tertiarier und der Clarissinnen, die Dominicaner und ihre Frauenorden, die Einsiedler des heiligen Augustin und die Carmeliter. Das Volk sah in den Bettelorden die Armuth verherrlicht und widmete ihnen zahl= reiche Stiftungen. Die Minoriten zogen von 1226—1260 in Graz, Pettau, Cilli, Judenburg, Bruck, zu Wolfsberg und Villach in Kärnten ein; die Franciscaner im vierzehnten Jahr= hundert in Judenburg, Lankowitz, Graz. Die Clarissinnen, der seraphische Frauenorden des heiligen Franciscus, begründet zu Portiuncula bei Assissi, erhielten das erste Kloster 1231 in Prag, 1253 in Judenburg, 1300 zu Minkendorf, 1358 zu Lack in Krain, später in Laibach und Graz. Die Dominicaner wurden eingeführt in Leoben, Pettau, Graz, Neukloster in Steiermark, die Dominicanerinnen in Mährenberg, Studenitz, zu Maria Loretto im Lavantthal, zu Michelstetten in Krain; die Augustiner=Eremiten zu Völkermarkt, Hohenmaut, Fürsten= feld, Judenburg und Laibach, die Carmeliter in Voitsberg. In Steiermark waren im vierzehnten Jahrhundert acht, im fünfzehnten neun Klöster zugewachsen. Der Johanniterorden

hatte eine Commende zu Fürstenfeld, der deutsche Orden drei
Commenden in Steiermark zu Großsonntag, Leech, Meretingen
und eine zu Friesach in Kärnten. Der Georgsorden, von
Friedrich III. in Millstatt gegründet, fristete nur ein kurzes
Dasein.

Die älteren Klöster waren reich an Geld und Gut, so
oft auch ihr Vermögen durch Besteuerung und Raub geplün=
dert war. Auch die Klöster der Bettelmönche kamen durch
Wirthschaft und Stiftungen zu bedeutendem Wohlstand. Aber
die Klosterzucht war vielfach verfallen, oft schon wenige Jahr=
zehente nach ihrer Gründung. So mußte St. Georgen am
Längsee schon 1122 geschlossen werden; später wurde es neu
begründet. In allen Chroniken sind Klagen über das Leben
der Klosterfrauen verzeichnet. In der zweiten Hälfte des vier=
zehnten Jahrhunderts nahm ihre Zahl rasch ab. Die älteren
Mönchsorden hatten Ausnahmen von der ursprünglich strengen
Regel erwirkt. Die Benedictiner aßen mehrmals in der Woche
Fleisch, tranken Wein, trugen leinene Kleider statt wollene.
In alter Zeit hatten vornehme Herren ihr Kriegskleid abge=
legt und sich in die Klostereinsamkeit zurückgezogen. Seit dem
dreizehnten Jahrhundert fand das umgekehrte Verhältniß statt.
Die Aebte saßen in der Landstube, trugen über dem Mönchs=
kleid den Waffenrock und regierten als Statthalter. Die Aebte
von Rain, Neuberg, Neukloster, Seckau, Vorau, Stainz, Rotten=
mann u. a. erhielten die bischöflichen Zeichen, Infel und Ring.
Am längsten blieben die Cisterzienser bei der alten einfachen
Regel, aber auch sie gestatteten Ausnahmen. Die älteren Klöster
waren alle aristokratisch=feudal, während die Bettelmönche mit
ihrer Bedürfnißlosigkeit und Negation aller geistigen Bildung
dem Volke näher standen.

Im Beginn der Reformationszeit erfolgte ein allgemeines
Ausreißen aus den Klöstern. Es fehlte an Nachwuchs, sie
konnten die Pfarren nicht mehr besetzen. Die Dominicaner
und Franciscaner suchten sich zu helfen und verschrieben Brüder

aus Italien, aber es fehlte ihnen an Subsistenzmitteln. Die
milden Gaben hörten auf, zumal in den Städten, wo die
Bürgerschaft protestantisch wurde. Deßwegen gingen in der zweiten
Hälfte des sechzehnten Jahrhunderts viele Klöster ein, so jenes
der Minoriten in Bruck, der Augustiner in Fürstenfeld. In
Lankowitz wurden die Franciscaner von den Protestanten verjagt. Im Allgemeinen hat aber die Reformation den Klöstern
in Innerösterreich nicht so Abbruch gethan wie in Deutschland. Es gab hier keine Klosterstürme wie in Holland.
Die Mehrzahl des besitzenden Adels und der Bürger in den
Städten war protestantisch, aber sie suchten zu einem friedlichen
Ausgleich zu kommen und fochten das Klosterwesen wenig an.
Die großen Stifter der Benedictiner und Cisterzienser u. a.
gingen unberührt aus den religiösen Kämpfen hervor, ja in der Zeit
der Gegenreformation entstand eine Reihe von neuen Klöstern.

Erzherzog Karl, seine Gemahlin die katholische Maria,
Erzherzog und später Kaiser Ferdinand II., Ferdinand III.
und Leopold I. begünstigten und veranlaßten neue Klosterstiftungen, um den Unterricht zu heben und der katholischen
Lehre wieder eine starke Wurzel im Volke zu geben. Theils
wurden Mönche der mittelalterlichen Büßerorden eingeführt, so
die Karmeliter, die Barfüßermönche des heiligen Augustin, die
Serviten, Pauliner, die Einsiedler des heiligen Hieronymus;
theils kam das neue Mönchsthum zur Geltung, welches im
sechzehnten und siebzehnten Jahrhundert als Gegenwirkung zum
Protestantismus aufgetaucht war. Die Jesuiten traten in ihrer
äußeren Erscheinung, in ihrer Lehrthätigkeit, in Besitz und Macht an
die Stelle der alten Orden, während ihre Handlanger und Arbeiter
die Capuciner und Barnabiten den Fußtapfen der Bettelmönche
folgten. Die Jesuiten, von Erzherzog Karl 1571 nach Steiermark
berufen, fanden als Lehrer und Prediger eine rasche Verbreitung.
Sie wurden in Graz, Leoben, Marburg, Laibach, Klagenfurt
und Millstatt seßhaft. Die Capuciner kamen 1602 nach Graz,
1606 nach Laibach, 1607 nach Bruck, 1611 nach Cilli, 1615

nach Pettau, 1620 nach Marburg und Radkersburg, 1639
nach Leibnitz, 1645 nach Murau, 1638 nach Wolfsberg, 1649
nach Klagenfurt, 1637 nach Krainburg, 1654 nach Neustadtl
und 1707 nach Lack in Krain. Die Serviten kamen 1598
nach Thybein, 1635 nach Luckau in Oberkärnten. Die Minoriten erhielten ein neues Kloster in Windischfeistritz, die Augustiner
Barfüßer in Laibach, die Franciscaner drei neue Klöster bei
Altenburg im Cillierkreise, in Feldbach, in Mürzzuschlag. Die
Clarissinnen wurden in Graz 1602 von der Erzherzogin Maria
eingeführt, die Karmeliterinnen 1643 von der Kaiserin Eleonore, der Gemahlin Ferdinand's III. In Steiermark waren
vor der Reformation 31, nach dem westphälischen Frieden
51 Klöster; 20 neue Klöster, 18 Mannes- und 2 Frauenklöster
waren zugewachsen; davon kamen 8 auf Graz allein.

Vom westphälischen Frieden bis zu Kaiser Joseph II.
entstanden in Innerösterreich 30 neue Klöster. Die Paulinermönche erhielten ein Kloster zu Ulimie im Cillierkreise 1663,
zu Mariatrost bei Graz 1747, die beschuhten Augustiner zu
St. Leonhard in Untersteiermark 1662, die Serviten zu Fron-
leiten 1687, zu Kötschach in Kärnten 1710. Wie in alter
Zeit waren Fürstinnen und adelige Frauen für die Stiftung
von Klöstern am thätigsten. Zwei Edelfrauen gründeten ein
Capucinerkloster zu Leoben 1692, eine Gräfin Welsersheim jenes
zu Irdning 1711, eine Gräfin Leslie stiftete das Kloster der
Elisabethinerinnen 1690 zu Graz, eine Frau von Manzador
ein kleines Kloster der Cölestinerinnen zu Marburg. Die Klöster
der Capuciner zu Knittelfeld und Schwanberg entstanden
1703 und 1706 durch milde Beiträge der Bürger, ebenso jenes
der Ursulerinnen in Klagenfurt. Die Clarissinnen kamen
1648 nach Laibach, 1657 nach Lack in Krain, die Augustiner-
barfüßer 1752 nach Ruebland und die Karmeliter nach Zedlitzdorf in Kärnten. Als sich unter Maria Theresia die protestantischen Gemeinden in Kärnten regten und Duldung verlangten,
schickte die Regierung, um sie zu bekehren, an dreißig Orte

Missionäre aus, meist Jesuiten und Hieronymitenmönche. Die
letzteren hatten schon 1710 durch den Fürsten Portia in Orten-
berg und durch den Grafen Rosenberg zu Weißach in Oberkärnten Klösterlein erhalten, um gegen den Protestantismus
zu wirken. Aber diese Protestanten hielten hartnäckig an ihrem
Glauben und als das Josephinische Toleranzpatent die Duldung aussprach, constituirten sie sich in kirchlichen Gemeinden,
bauten Bethäuser und beriefen Geistliche ihres Glaubens. Ander-
seits entstand 1742 in Villach ein religiöser Verein von Mädchen und Frauen, welche als Tertiarinnen oder Schwestern des
dritten Ordens des heiligen Franciscus in einem Hause
zusammenlebten. Maria Theresia bestätigte das Institut unter
der Bedingung, daß die Schwestern keine lebenslängliche Verpflichtung eingingen und andere Mädchen unterrichten sollten.

Im Gebirgslande zerstreut lebten die Einsiedler oder Waldbrüder, arme Laienbrüder, ohne Vorbildung, ohne Priesterweihe,
in einen Mönchshabit gekleidet, in einsamen Holzhütten, Clau-
sen genannt, oder in kleinen mehr behaglichen Wohnungen in
der Nähe von Kirchen und Kapellen. Hie und da hatten sie
bei der Einsiedelei einen Weingarten, eine Wiese oder ein
Aeckerlein, dienten als Meßner, Kirchendiener, Aushilfslehrer,
trieben ein kleines Gewerbe oder zogen im Lande umher und
sammelten Almosen. Man zählte in Steiermark 19, in Kärnten 42 solcher Einsiedler, so zu Maria Rain, auf der kleinen
Insel des Wörthersee's, zu Althofen, Ortenburg, bei Straßburg
und an anderen Orten. In Steiermark lebten die Eremiten
ohne Leitung und Aufsicht, in Kärnten waren sie seit 1712 in
einer Verbrüderung unter der Aufsicht des Bischofes verbunden
und hatten unter sich einen Vorstand als Altvater gewählt.

Im Ganzen bestanden in Innerösterreich noch nach der
Aufhebung der Jesuiten 1780 117 Klöster. Steiermark mit
390 □Meilen und 750.000 Einwohnern zählte 70 Klöster,
unter diesen 10 Frauenklöster. Auf die Stadt Graz allein

kamen davon 11 Manns= und 5 Frauenklöster.[1] Kärnten mit
188 ☐Meilen und 289.000 Einwohnern zählte 19 Manns=
und 5 Frauenklöster, im Ganzen 24 Klöster. Krain mit 181
☐Meilen und 417.000 Einwohnern hatte 23 Klöster, unter
diesen 18 Manns= und 5 Frauenklöster.[2]

Die Zahl der Mönche und Nonnen in den einzelnen Klöstern
war sehr verschieden: 1772 zählte St. Lambrecht 105, Admont 90,
Rein 31, Seiz 14, Göß 36, das Capucinerkloster in Bruck 25,
das der Minoriten in Marburg 17, der Clarissinnen in Juden=
burg 37, der Dominicanerinnen in Mährenberg 24 Mitglieder.
Rechnet man im Durchschnitt auf ein Kloster 30 Individuen,
so gab es 1780 in Innerösterreich 3510 Mönche und Nonnen,
und bei einer Einwohnerzahl von 1,456.000 kam auf 400 Indi=
viduen ein Mönch oder eine Nonne. Bei 20 Mitgliedern eines
Klosters kam ein Mönch oder eine Nonne auf 600 Individuen
und es gab 2340 Regularen in Innerösterreich. Von Jahr=
hundert zu Jahrhundert waren neue Institute zugewachsen. Erst
unter Maria Theresia hörten die Klosterstiftungen auf, der Er=
werb zur todten Hand wurde beschränkt und eine Reform der
Klöster in Aussicht gestellt.

Im Allgemeinen waren die Klöster in einem blühenden
Zustande. Freilich waren sie nicht mehr die einsamen Büßer=
stätten, welche der Stifter gewollt. Auch das ärmste Kloster war
durch milde Beiträge zu einer erträglichen Existenz gekommen.
Seit die Päpste den Bettlerorden den Erwerb an liegenden
Gütern gestattet hatten, war das Klostergut stattlich angewachsen.
Karthäuser und Dominicaner, Clarissinnen und Karmeliterinnen
besaßen Güter, Häuser, Weingärten, Bergrechte, Capitalien.

Die alten Stifter der Benedictiner, Cisterzienser u. a.
waren längst reich geworden. Sie waren Grundherren, denen
die Bauern Frohndienste leisteten, sie erhoben Abgaben für das

---

[1] Klein, Geschichte des Christenthums. VI. 270.
[2] Die Einwohnerzahl um 1780 nach de Luca 95.

Land und Reich, sie übten die niedere Polizei, Civil- und Strafgerichtsbarkeit, sie trieben Feld- und Waldwirthschaft, waren Viehzüchter, Wein- und Wollhändler, Rentiers und Industrielle aller Art. Sie hatten Bergwerke, Eisenwerke, Mühlen, nahmen und gaben Darlehen, legten Geld in öffentlichen Papieren an. Dieses Buch wird dafür ein reiches Detail bringen. Die Regierung hatte den Reichthum der Klöster oft ausgebeutet. Man ist überrascht, wenn man in den Klosterrechnungen liest, wie viel Steuer die Klöster gezahlt und wie sie in Kriegs- und Friedenszeiten zu außerordentlichen Leistungen gezwungen wurden. Das war noch im Erbfolgekriege und im siebenjährigen Kriege geschehen. Die Seelsorge und Armenpflege war auf den großen Gütern den Klöstern allein überlassen. Admont hatte 38, St. Lambrecht 17 Pfarren zu versehen. In den meisten Klöstern wurde für die Hausarmen Brot gebacken; an einem Tage der Woche erhielt jeder, der kam, eine Speisung; aus der Stiftsapotheke wurden die Arzneien umsonst oder um billige Preise gegeben. Wohl war der wissenschaftliche Ruhm der Klöster gesunken. In alter Zeit gab es unter den Mönchen Baumeister, Bildhauer, Maler, Orgelbauer, Musiker und Dichter. In den großen Stiftern fand die Wissenschaft immer noch eine Pflege. Admont, St. Lambrecht, St. Paul leuchteten da voran wie Kremsmünster und St. Florian in Oberösterreich. Viele Mönche lehrten als Professoren an den Universitäten; eine Reihe von Schriftstellern kann verzeichnet werden,[1] aber im Ganzen waren sie von den Leistungen der weltlichen Wissenschaft überflügelt. In den Bibliotheken fand man meistens nur Predigten, Gebet- und Erbauungsbücher verschiedener Art, einige Bücher über Logik und Metaphysik. Die Archive der meisten Klöster enthielten nur Schriften privatrechtlicher Natur, Gnaden- und Schenkungsbriefe, Verträge und ähnliche Dokumente. Die physikalischen und mathematischen Instrumente waren veraltet

---

[1] Klein, Geschichte des Christenthums. VI. 314—366.

und unbrauchbar, alle Sammlungen in Unordnung. Die
Stiftschulen waren herabgekommen, die Volksschule lag überall
im Argen, bis die Regierung ihre Reform in die Hand genommen. Die Zucht und innere Ordnung war in den Klöstern
vortrefflich. In den Acten der Aufhebung ist kein Scandal,
kein Verbrechen verzeichnet; in dem einzigen Kloster Göß wurde
eine Gefangene aufgefunden.

An diese Klöster legte das Aufhebungsgesetz vom 12. Jänner 1782 zuerst die Axt an. Wenn auch im Publicum ein
Schlag gegen die Klöster erwartet wurde, die Gesetze vom 12.
und 13. Jänner wirkten doch überraschend, umsomehr, als in
den ersten Tagen bis zum Vollzug der Aufhebung die Maßregeln der Regierung geheim gehalten wurden. In Innerösterreich
regierte als Gouverneur 1781 Graf Alois Podstatzki-Liechten-
stein und 1782 Graf Franz Anton Khevenhüller. An der
Spitze der Landeshauptmannschaft in Kärnten stand Graf
Vincenz Ursini von Rosenberg, in Krain der Landeshauptmann
Graf Franz Adam von Lamberg.

In Folge der Hofdecrete wurde bei dem Gubernium in
Graz sogleich eine „Klosteraufhebungscommission“ eingesetzt,
welche die aufzuhebenden Klöster bestimmte, die Commissäre
ernannte, die Aufhebung überwachte, neue Vorschläge machte
und die weiteren Befehle der Hofstellen vollzog. Die Glieder
der Commission waren der Vicepräsident Graf Sauer und die
Gubernialräthe Freiherr Christoph von Rottenberg und Franz
Edler von Plöckner. Der letztere war ein erfahrener Admi-
nistrationsmann und der eigentliche Leiter des ganzen Geschäf-
tes. In Krain und Kärnten wurde die Aufhebung von der
Landeshauptmannschaft vollzogen.

Die Aufhebungscommissäre waren durchgehends höher ge-
stellte Beamte, Gubernialräthe, Kreishauptleute, Räthe der
Landeshauptmannschaft. Sie erhielten von der Regierung eine
besondere Instruction und die Aufhebungsgesetze in Abschriften
und Auszügen mitgetheilt: so die Rescripte vom 12. und

13. Jänner, die Verordnungen über die Bibliotheken, Dispense, Pensionen, Rechnungen, über die Dienstleute und Beamten der Klöster.[1])

Ihre Thätigkeit war bis in die kleinste Einzelnheit vor=gezeichnet. Sie verfügten sich in das Kloster, lasen die Decrete vor, erklärten einige Punkte und nahmen über den Act ein Protokoll auf. Alles ging in Ordnung und Ruhe vor sich; mit Ausnahme eines Vorfalles in Ulimie ergab sich nirgends ein Anstand. Mönche und Nonnen fügten sich gehorsam dem Gesetze, ja die Nonnen zeigten hie und da einen gewissen Eifer, in den weltlichen Stand zu treten. Die Commissäre vollzogen ihren Auftrag mit Tact und Würde, halfen und trösteten, wo sie konnten.

Die Abfassung der Inventare dauerte Wochen und Mo=nate lang. Sie war zunächst eine Arbeit des Rechnungsbeamten, welcher dem Commissär beigegeben war. Die Verantwortung blieb gemeinsam. Als allgemeine Rubriken waren vorgezeichnet: Barschaft, eigene und gestiftete Capitalien, Unterthansausstände, Pretiosen, Gold und Silber, liegende Güter, ihr fundus instructus, ihr Erträgniß und ihr Schätzungswerth, die Klostergebäude, Häuser, Weinkeller, Bibliotheken und Archive, alle Activen und Passiven des Klosters. Alles wurde bis in das kleinste Detail ver=zeichnet: jede Münze, jeder Ornat, jeder Kelch, jedes Bild, jedes Dokument, jeder Stuhl, jedes Bett, jedes Faß, jeder Pflug. Die Inventare der reichen Klöster füllen ganze Folian=ten und bieten ein interessantes geschichtliches Material für die Verwaltung und sociale Stellung der Klöster. Bei den Kirchengefäßen ist nur der Metallwerth, nicht der Kunst=werth angegeben. Bei den Kirchen wird die Stylart nicht bestimmt, nur ungefähr das Alter und das Aussehen beschrie=ben. Die Zeit hatte kein Verständniß für gothische oder

---

[1]) Im Ganzen 9: vom 12. 13. 15. 18. 25. Jänner, 1. 4. 21. Fe=bruar, 9. März 1782. Graz, St. A.

romaniſche Bauten, für die Erzeugniſſe der mittelalterlichen
Kunſt und Kunſtinduſtrie. Aber man täuſcht ſich, wenn man
von großen mittelalterlichen Kunſtſchätzen in den inneröſter=
reichiſchen Klöſtern ſpricht. In den alten reichen Stiftern der
Benedictiner und Ciſterzienſer hatte ſich gewiß manches werth=
volle Stück erhalten. Zeugniß davon geben die Monſtranzen,
Biſchoffſtäbe, Ornaten, Diptychen, die aus dem allgemei=
meinen Kloſterſturme gerettet wurden; aber im Allgemeinen
waren die Kirchenſchätze moderniſirt. Auch die meiſten gothi=
ſchen und romaniſchen Kirchen waren umgebaut, niedergeriſſen
und dafür Prachtbauten im Zopfſtyle mit bauchigen Thürmen
und marmornem Getäfel errichtet. Nur wenige alte Kirchen
waren erhalten, ſo in Seiz, Millſtatt, S. Paul, Neuberg.

Die Gelder, Obligationen und Pretioſen aller Art, Bil=
der, Kelche, Reliquienkäſtchen u. a. wurden an die Cameral=
caſſa eingeliefert. Die Pretioſen wurden verſteigert, was nicht
verkauft werden konnte, kam gegen Erſatz des Metallwerthes
an das Wiener Münzamt.[1] Die Hofkanzlei befahl, die Pretio=
ſen und Paramente bei der Veräußerung nur in ſolche Hände
gelangen zu laſſen, „in welche ſie ohne Anſtand kommen können“.
Die Privaten riſſen ſich darum, boten mehr als den Schätzungs=
werth. Die Licitationscommiſſäre Plöckner, Rottenberg und
Waidmannstorf verkauften Pretioſen um 77.884 fl. 39 kr.
Davon wurden 68.146 fl. 15 kr. an die Cameralkaſſa für den
Religionsfond abgeliefert. Wir verzeichnen hier nur einige der
koſtbarſten Pretioſen: ein goldenes Ciborium mit Rauten 948 fl.,
eine goldene Monſtranze mit Diamanten, Rubinen, Granaten
und Perlen 6727 fl., eine ſilberne Monſtranze mit guten Stei=
nen und Perlen 5000 fl, ein Aufſatz von Silber 364 fl., ein
goldener Kelch ſammt Patte 650 fl., ein goldener mit 234 Dia=
manten und 315 Granaten beſetzter Kelch 1371 fl., ein großer
ſilberner Leuchter 2101 fl., ein mit 6 großen 66 kleinen Dia=

---

[1] Hofkammerdecrete 13. März, 10. Juni 1783. Graz, St. A.

manten und 20 Smaragden besetztes Pectorale theils von Gold,
theils von Silber 246 fl., u. a. Viele Pretiosen blieben un-
veräußert und wurden später nach Angabe der Ordinarien an
die neuen Pfarren vergeben. Die Meßstiftungen kamen sämmtlich an andere Kirchen. Die Bücher und Handschriften, Kataloge
wurden an die Hofbibliothek geschickt. Diese suchte das Beste
heraus, das andere kam an die Studienbibliotheken in Graz,
Klagenfurt und Laibach. Bücher und Handschriften der aufgehobenen Klöster sind noch dort zu finden. ¹) Alles wurde von
der Generalbuchhaltung revidirt, bestätigt; nichts verschleppt,
nichts veruntreut. Es ist falsch, wenn Schriftsteller berichten,
„daß mancher bedeutende Brocken im Siebe der Commissäre
hängen geblieben sei.“ ²) Niemand bezog einen Lohn. Der Re-
visor der Cameralbuchhaltung allein erhielt für die Auf-
bewahrung der Pretiosen eine Gratification von 100 fl.

Die Abwicklung der Geschäfte bei der Klosteraufhebung
war schwierig, und dauerte lange. Eine Menge Rechtsfragen
mußten entschieden werden. Privatforderungen wurden gekündigt und wenn sie der Fiscus als liquid anerkannt hatte, gezahlt. Tausend Ansprüche wurden geltend gemacht. Es war
nicht möglich alle zu befriedigen. Die Mönche und Nonnen
blieben vom Tage der Aufhebung noch fünf Monate im Kloster
und erhielten ein Taggeld. Nach dieser Zeit verließen sie das
Kloster. Die meisten ließen sich säcularisiren und lebten von
ihrer Pension. Die Regierung nahm alle Rücksicht auf ver-
dienstvolle, alte und gebrechliche Mönche und Nonnen. Für die
letzteren wurde das Kloster Studenitz als Versammlungsort bestimmt, wo sie ihr Leben ruhig beschließen könnten. ³) Aber es

---

¹) Bei einigen Klöstern unterblieb die Ablieferung nach Wien; alle
Handschriften und Bücher kamen an die Landessammlungen.

²) Brunner, Hofdienerschaft 480. Die Details dieses Buches wider-
legen, was Brunner 481—502 über die Wirthschaft bei der Klosteraufhebung berichtet.

³) Die Hofkanzlei an das i. ö. Gubernium, 27. Mai 1782.

kam nicht dazu. Auch die gebrechlichen Nonnen zogen es vor, in ein anderes Kloster zu treten oder zu ihren Verwandten zu ziehen. Ueber die Exmönche und Exnonnen wurden genaue Verzeichnisse geführt.

Die Klostergüter übernahm der Staat für den Religions- fond. Einzelne Güter, Gründe und Häuser, Weingärten, Rechte und Geräthschaften wurden verkauft. Die Uebernahme, Ver- äußerung und Verwaltung leitete in Steiermark 1782 der k. Rath und Inspector der Staatsgüter Josef Hammer, in Krain ein gewisser Piccardi.[1]) In Kärnten bestand 1782 keine besondere Ad- ministration. Die Verwalter schickten ihre Berichte an die Lan- deshauptmannschaft. 1783 wurde nach dem Muster der Admi- nistration in Böhmen eine Staatsgüteradministration für ganz Innerösterreich geschaffen und die Verwaltung kam dadurch in e i n e Hand.[2]) Hammer wurde Administrator, ein Herr von Schäfersfeld Unteradministrator. Sie berichteten an den Do- mänenreferenten bei der Landesstelle, dieser an die Hofstelle. Die Controle war bei dem bureaukratischen Charakter der Jo- sephinischen Regierung strenge. Ueber alles wurde Buch geführt. Die Wirtschaftsinspectoren der einzelnen Güter hatten viel zu arbeiten; sie fanden nur unvollständige oder gar keine Rech- nungsausweise in den Klöstern vor; die Abgaben floßen nur spärlich, und hie und da hatten die Bauern in den Klosterwal- dungen arg gewirthschaftet.

Die nächsten Capitel sollen über die Klosteraufhebung 1782 im Einzelnen berichten.

---

[1]) Hammer verwaltete auch die Jesuitengüter; er hatte 800 fl. Be- soldung, Piccardi 300 fl.

[2]) Antrag des i. ö. Gub. 6. Februar 1783. Hofdecret von 12. Mai 1783. St. A. Graz.

# IV. Die Aufhebung der Klöster in Steiermark 1782.

Die ersten, welche sich dem Aufhebungsgesetz fügen mußten, waren die Eremiten oder Waldbrüder. Schon am 16. Jänner ging der Befehl an die Kreisämter, die Eremiten zu citiren und ihnen in Gegenwart des Pfarrers ihr Schicksal zu verkündigen. Alle fügten sich, legten ihren Habit ab oder machten ein weltliches Kleid daraus; hie und da blieben sie als Meßner im Dienst. Es lebten in Steiermark 19 Einsiedler, 2 im Judenburger, 8 im Marburger, 9 im Brucker Kreise. [1]

1. Johann Georg Wagitsch, 47 Jahre alt, in der Klause außer dem Markt Irdning in der Gegend Falkenburg, gebürtig aus Zengg in Dalmatien, ohne Profession, genießt keine Stiftung, hat weder Meß noch Schuldienst zu besorgen.

2. Josef Gimpl in der Klausen ober Judenburg am Calvarienberg, gebürtig aus Graz 35 Jahre alt, von Profession ein Drechsler, hat weder Stiftung noch Dienst.

3. Hilarion Haring in der Pfarre St. Oswald außer Pettau, Meßner bei der Filiale St. Joseph, hat dort die Wohnung, Gärtchen, ein Äckerlein und etwas Wieswachs; für das Ausläuten der verstorbenen Invaliden erhielt er vom Stiftungshause zu Pettau jährlich 3 fl.

4. Frater Zwerang in der Pfarre S. Lorenzen, Kirchendiener bei der Filiale S. Johann ohne Stiftung.

---

[1] Bericht der Kreisämter v. 11. 22. 25. März 1782.

5. Mathias Zerer, genannt Frater Abraham, in der Pfarre Marburg, Meßner bei der Filiale St. Barbara ohne Stiftung; lebte im Sommer in seiner Einsiedelei, im Winter in einem Gartenhause.

6. Mathias Adlwanger oder Frater Engelbert in der Pfarre Mährenberg, gebürtig aus Oberösterreich, Schuhmacher, Meßner bei der Filiale St. Johann am Zechenberg, ohne Stiftung.

7. Johann Bader, nach dem Berichte „ein tugendhafter frommer Mann", in der Pfarre Muregg. Meßner bei der Filiale Maria Schnee, ohne Stiftung.

8. Iwan Wessely in der Pfarre Hitzendorf in Badegg, diente als Meßner in Dobelbad; erhielt von der Landschaft jährlich 20 fl.

9. 10. Johann Schopf und Georg Scherer in der Pfarre Altenmarkt nächst der Wieskirche, verrichteten beide Kirchendienst, erhielten dafür täglich 6 kr. und für das Lichtputzen jährlich 6 fl.

11. Frater Jeremias Heußler, in der Gegend der Einöd am Calvarienberg in der Pfarre Bruck, vertrat die Stelle eines Meßners bei dem wöchentlichen Gottesdienst, erhielt von der Calvarienkirche jährlich 3 fl., lebte sonst von Almosen.

12. Anton Seelmeister in der Einsiedlerklause am Erzberg, ohne Stiftung, hatte als Gehilfe bei der Kirche ein kleines Einkommen.

13. Johann Kriech, Kirchendiener in Trofaiach, ernährte sich als Flickschneider.

14. Apollinarius Knabl in der Herrschaft Oberkapfenberg.

15. Frater Pachomius in Vordernberg, Meßner in der Oberkirche St. Lorenz,

16. Joseph Rolle zu Perneg, aus Hottingen in Schwaben gebürtig, 53 Jahre alt, besaß ein kleines Haus, lebte ohne Dienst von Almosen.

17. Hieronymus Männinger in Leoben, Meßner ohne Stiftung.

18. 19. Theobald Löwmacher und Onuphrius Schopf in der Pfarre Kapfenberg. —

1782 wurden in Steiermark 10 Klöster aufgehoben: 1) das der Karmeliterinnen in Graz, am 21. Jänner; 2) das Kloster der Clarissinnen in Graz, am 21. Jänner; 3) jenes der Clarissinnen in Judenburg, am 22. Jänner; 4) die Karthause Seiz, am 22. Jänner; 5) das Chorherrenstift Seckau, am 13. März; 6) das Kloster der Benedictinerinnen in Göß, am 21. März; 7) das der Dominicanerinnen zu Studenitz, am 21. März; 8) jenes zu Mährenberg, am 21. März; 9) das der Cölestinerinnen zu Marburg, am 2. April; 10) das Pauliner Kloster zu Ulimie am 3. September. Die Aufhebung der letzten 6 Klöster hatte der Kaiser in Folge der Berichte des Guberniums befohlen.[1] Die Dominicanerinen in Graz sollten fortbestehen, soweit sie durch Schulen und Kostkinder wie die Ursulinerinnen und Elisabethinerinnen wesentlich nutzbar sind.

1. Die Karmeliterinnen in Graz, 1643, von der Kaiserin Eleonore, Gemahlin Ferdinand's III. eingeführt, lebten nach der Regel, welche im fünfzehnten Jahrhunderte die h. Therese zu einer töbtlichen Strenge zurückgeführt hatte. Sie beteten, fasteten, geißelten sich, gelobten Stillschweigen; alle gelehrten Studien waren verpönt. Die unbeschuhten Karmeliternonnen hatten sich durch ein päpstliches Breve zusichern lassen, ohne alles Eigenthum nur von Almosen leben zu dürfen. Im Laufe der Zeit hatten sie es doch an den meisten Orten zu einem sicheren Wohlstand gebracht. Das Kloster der beschuhten Karmeliterinnen in Lemberg besaß ein Vermögen von 130.115 fl. jenes der unbeschuhten in Lemberg 61.506 fl. Das Kloster in Graz hatte bei seiner Aufhebung ein Activvermögen von 192.538 fl., nach Abzug der Passiven von 36.213 fl. ein Rein-

---

[1] Vom 3. März 1782. Graz, St. A.

vermögen von 156.525 fl. [1]) Davon wurden 152.168 fl. an das
Cameralzahlamt eingeliefert. Der Stiftbrief K. Ferdinands vom
26. Dezember 1643 hatte dem Kloster ein jährliche Rente von
500 fl, und eine Schenkung der Kaiserin Eleonore jährlich 250 fl.,
aus der Hoffassa zugesagt. Der Commissär, Gubernialrath
Christoph Freiherr von Rottenberg, verkündigte die Aufhe=
bung am 21. Jänner 1782. Das Inventar verzeichnete an barem
Geld 370 fl. 54 kr., an Capitalien in Staatspapieren (Obli=
gationen der Hoffammer) 107.700 fl., an Stiftungscapitalien
52.600 fl., an Vorräthen 1735 fl., unter diesen Wein, der um
790 fl., verkauft wurde, an Geräthschaften im Werth von 1992 fl.,
an Silber, Pretiosen und Paramenten 19.511 fl., unter diesen
eine silberne, vergoldete, mit Steinen besetzte Monstranze im Werth
von 1148 fl., zwei mit Steinen besetzte Ciborien, welche um
1825 fl., verkauft wurden. Die Bibliothek enthielt nur einige
Gebetbücher und ascetische Schriften im Werth von 20 fl.,
das Archiv einige Rechtsurkunden. Die Realitäten, geschätzt auf
9300 fl., bestanden aus dem unförmlichen Klostergebäude an
der Mur „unter der Brücke", aus einer geschmacklos gebauten
Kirche, dem an die Kirche angebauten Pflegerhause und einem
Garten. Die Kirche wurde geräumt und gesperrt, die Altäre
und die Stiftungen für Gebet, Lichter u. a., welche 757 fl., be=
trugen, an verschiedene Kirchen überlassen. Die Regierung trug
das Kloster den Elisabethinerinnen an und als diese es abwiesen,
kam es in den Besitz des Militärs für eine Monturscommission.
Das Pflegerhaus sollte für Officierswohnungen verwendet
werden. [2])

    1654, als das Kloster vollendet wurde, waren darin 4,
1782 bei der Aufhebung 17 Nonnen unter der Priorin Leopol=
dine von Warnhauser. Sie blieben im Kloster bis zum 20. Juni.

----

[1]) Verzeichniß von der k. k. in dem Liquidationsgeschäft des Steier=
märkischen Religionsfondes angeordneten Gubernialcommission. Graz
17. Jänner 1805. St. A.

[2]) Klosterakten. Graz, St. A.

Mit Ausnahme einer Nonne, einer Gräfin Schafgotsche, welche sich für die englischen Fräulein in Prag erklärte, ließen sich alle von ihren Gelübden dispensiren und traten in die Welt zurück.

2. Das Frauenkloster vom Orden der h. Clara in Graz war im sogenannten „Paradeis", wo die protestantischen Stände 1540 eine Akademie mit einem Bethause errichtet hatten. Kepler hatte dort gelehrt. 1602 schenkten die Landstände das Gebäude der Erzherzogin Maria, der Mutter Ferdinands II. und diese richtete darin ein Kloster der Clarissinnen ein. Es bestand 180 Jahre. Bereits 1775 war die Aufhebung des Klosters befohlen, sie wurde 1782 vom Gubernialrath Plöckner vollzogen. Die Nonnen blieben nach dem 21. Jänner noch sechs Wochen im Kloster, die meisten traten mit Pension in die Welt zurück. Im Kloster wurden zwei delirirende Nonnen gefunden; die Regierung brachte sie im h. Geistspitale unter und zahlte für sie eine Pension.

Das Inventar verzeichnete an barem Gelde 10,039 fl., an eigenen Capitalien 124,475 fl., an Stiftungscapitalien 125.000 fl., an unverbrieften Geldbeiträgen 11.524 fl., an Silber und Pretiosen 36.104 fl., an Wein 11,996 fl., an Victualien und Naturalvorräthen 2476 fl., an Hausgeräthe 6085, an Vieh, Holz 1810, an liegenden Gütern einen Werth von 73.764 fl., im Ganzen ein Activvermögen von 427.425 fl., an Passiven für Almosen, Vitalizien und andere Verbindlichkeiten 68.425 fl., also ein Reinvermögen von 359.000 fl., [1] Davon kamen an das Cameralzahlamt 259.364 fl.

Zu den liegenden Gütern gehörten: das Gut Kainbach, geschätzt auf 9399 fl., das Amt Margarethen im Draufeld mit Weingarten, das Amt Ober- und Unterprepula mit Weingarten; diese wurden vom Staate übernommen und verpachtet, ferner mehrere Weingärten, einen Meierhof auf der Andritz,

---

[1] Die Clarissinnen in Freiburg hatten ein Vermögen von 70.853 fl., jene zu Villingen im Schwarzwald 82.651 fl., jene in Königskloster in Wien 130.946 fl. Klosteracten. C. A.

verkauft um 6525 fl., ein Landbesitz bei Graz mit Haus, Gar=
ten und Wiese, verkauft um 1850 fl., ein Meierhof bei Va=
solbsberg, verkauft um 2300 fl; mehrere Häuser in Graz, so
das große und kleine Allerheiligenhaus verkauft um 25,310 fl.,
die hölzernen Hütten bei der Schießstätte 550 fl., und das weit=
läufige Klostergebäude von der Murgasse bis zum Admonterhof.
Das Wintergärtlein fiel an das Stift Admont zurück, das Kloster=
gebäude wurde an einen Bierbrauer um 8800 fl., die Kirche,
der Wasserthurm und der Garten um 14,500 fl. verkauft. Die
Kirche war früher geräumt, die zwei Orgeln, Altäre, Bilder und
Glocken wurden den Elisabethinerinnen überlassen und die Stif=
tungen auf den Antrag des Bischofes von Seckau an siebzehn
Gotteshäuser vertheilt. Die Stadtpfarre kaufte mehrere Ornate
und Reliquien, unter anderen „einen Dorn von der Krone Christi"
um 3057 fl. Den Sarg der Stifterin, der Erzherzogin Maria,
die in der Kirche beigesetzt war, ließ die Regierung in das Mauso=
leum in Graz übertragen [1]).

3. Das Kloster der Clarissinnen in Judenburg eben=
falls „Paradeis" genannt, bestand seit dem Mittelalter. Ein
Bürger der Stadt, Heinrich, hatte 1253 zwei Schwestern
des Ordens aus dem Mutterhause zu Assisi kommen lassen. 1782
waren 33 Nonnen im Kloster. Der Gubernialrath Graf Wenzel
Sauer verkündigte ihnen am 22. Jänner die Aufhebung. Sie
baten um Schutz, um Kleidung und Nahrung. Die Aebtissin
Maria Katharina Drexlerin, 47 Jahre alt und seit 14 Jahren
im Kloster, machte geltend, daß sie an Erbschaften und Schen=
kungen dem Kloster an 36,000 fl. zugebracht habe. Die Regie=
rung bewilligte ihr dafür eine höhere Pension von 365 fl.
Anfangs gaben die wenigsten Nonnen eine bestimmte Erklärung,
sie wollten keine andere Regel annehmen. Nur zwei meldeten
sich für die Elisabethinerinnen in Klagenfurt; eine alte achtzig=
jährige Nonne bat um ein Krankenzimmer in Graz, wo sie

---

[1]) Graz. St. A. Fasc. 204.

ruhig sterben könne. Die Aebtissin und die anderen zogen es
vor, von der Pension, welche ihnen die Regierung zahlte, bei
ihren Verwandten zu leben. Der Bischof von Seckau entband
sie von ihren Gelübden. Die fünf Franciscaner, welche das
Frauenstift für den Gottesdienst ausgehalten hatte, gingen in
ihr Kloster zurück. Die Stiftungen übernahm der Guardian der
Franciscaner. Die Klosterkirche wurde, da in Judenburg ohne=
hin drei Kirchen für 2626 Einwohner bestanden, gesperrt, das
Klostergebäude um 3000 fl. verkauft.

Das Activvermögen der Clarissinnen betrug 195.748 fl.
43 kr.: an barem Geld 0, an eigenen Capitalien 75.549 fl.
58 kr., an Unterthansausständen 286 fl., an Silber und Pretiosen
10.319 fl., unter diesen eine Monstranze im Werthe von 2000 fl.
an Weinvorrath 2632 fl., an Mobilien und Fahrnissen 1611 fl.,
an Vieh und fundus instructus 4967 fl., an liegenden Gütern
und Realitäten 100.381 fl. Die Passiven betrugen an rückstän=
digen Steuern 11,141 fl., an Stiftungen, kleinen Schulden und
anderem im Ganzen 31.553 fl. Es blieb ein Reinvermögen von
164.195 fl., von dem 114.012 fl. an das Cameralzahlamt ab=
gegeben wurden. Zum Stift gehörte die Herrschaft „Paradeis"
mit drei Meierhöfen und einer Realität bei Graz; das Gut
Doblegg im Marburger Kreis, eine Gilt in Kärnten mit fünf
Unterthanen[1]), vier bergrechtmäßige Weingärten bei Leibnitz und
der Wald „Lerchegg" bei Oberzehring.

4. Die Karthause zu Seiz war die älteste in Deutsch=
land. Markgraf Ottocar V. von Steiermark hatte sie in den
Jahren 1154 bis 1165 in den Südabhängen des Bachers in
der Nähe der Burg Lindeck gegründet und nach dem Bauern=
hofe, den er ihr schenkte, Seiz genannt. Die ersten Mönche,
waren aus Grenoble gekommen. Neben den Zellen der Kar=
thäuser erstand bald ein Stiftsgebäude und im 14. Jahrhundert

---

[1]) Herrschaft, Gut, Gilt und Amt sind verschieden nach der Größe
und Bezeichnung im Kataster. Dominium war ein Gut mit Unterthanen
über welche der Grundherr die Personalinstanz hatte.

eine gothische Kirche, deren Ruine noch heute die Bewunderung
der Reisenden erregt. Zur Zeit, als im Karthäuser-Orden eine
Spaltung eingetreten war, 1391 bis 1410, hatte der Ordens=
General seine Wohnung in Seiz genommen. Das Kloster lag
in einer reizenden Waldwildniß und die weißen Mönche lebten
hier durch Jahrhunderte ein Stillleben. Sie predigten nicht, hiel=
ten keine Schule, beteten ihre Mette, aßen kein Fleisch, und schwie=
gen, aber die alte Klosterregel war längst einer milderen Form
gewichen und das arme Karthäuferkloster einer der reichsten Grund=
besitzer in Steiermark geworden. Schon 1173 hatte ihm Ulrich
von Aquileja alle Gründe geschenkt, welche „das Volk von Gono=
bitz" inne hatte. Im 16. Jahrhundert streckten die Jesuiten,
nachdem sie die Karthause Geirach erworben hatten, ihre Hände
auch nach Seiz aus, aber sie verloren den Prozeß, und die
Karthause bestand, bis der Commissär Graf Franz Stürckh,
Gubernialrath und Vicepräsident des Landrechtes in Graz, am
22. Jänner 1782 ihre Aufhebung verkündigte.

Im Kloster lebten der Prälat Anthelmus Bintar, der
Exprälat vom Karthäuserkloster Schnals in Tirol, Max von
Maurisperg, eilf Priester und drei Laienbrüder, deutscher und
slavischer Abkunft. Sie blieben bis zum 22. Juni im Kloster
und wanderten dann, nachdem ihre Gelübde gelöst waren, aus,
jeder mit 300 fl. Pension nach Marburg, Cilli, Völkermarkt,
Graz, meist in ihre Heimat. Die Regierung gewährte ihnen statt
50 100 fl. zur Ausstaffirung, und ein Bett mit Gewand aus
den Gastzimmern. Der Schnalser Prälat bekam 600 fl. Pension
und zog nach Gonobitz, der Seizer Prälat erhielt 800 fl. und
ging nach Marburg [1]).

Das Gotteshaus St. Johann wurde beibehalten und der
Mittelpunkt einer Pfarre, der Pfarrer mit 300 fl. Garten und
Wiese, und ein Kaplan mit 150 fl. dotirt [2]). Die Ornate und
Paramente blieben der Kirche, auch einige von den 216 gestif=

---

[1]) Fascikel 204. Graz, St. A.
[2]) Die Hofkanzlei an das i. ö. Gub. 3. Mai 1782.

teten Messen; die anderen wurden vertheilt. Der erste Pfarrer,
ein Weltgeistlicher aus Cilli, Franz Perko, protestirte sehr, als
man ihm einen Hilfspriester aus dem Medicantenorden zuweisen
wollte. „Die Bettelmönche", schrieb er an die Regierung, sind
immer die Marktschreier der Ablässe, Mirakelbilder, Bruder=
schaften und leeren Andächteleien, sie bleiben stets Anhänger
lockerer dem Staate und der Religion nachtheiliger sittlicher
Grundsätze."

Die Karthäuser besaßen vier schöne Güter: Seiz, Oplot=
nitz, Gonobitz, Seizdorf, Weingärten, Roboten, Zinsgetreide,
zwei Mühlen, Wälder, Wiesen und ein Haus in Graz, den
Seizerhof, der um 3710 fl. verkauft wurde. Die liegenden Güter
wurden auf 137.940 fl. geschätzt, das Stift zahlte 15.000 fl.
Steuern. Aber die Verwaltung war in einer gräulichen Unord=
nung; es wurden keine Rechnungen, nicht einmal ein Zehent=
register geführt. Die Karthäuser, welche mit der Verwaltung zu
thun hatten, wollten je eher je lieber davon befreit sein, so daß
die Regierung einstweilen einen Laienbruder zur Verwaltung be=
stellte. Die Capitalien waren von früheren Prioren, wegen der
großen Schuldenlast verbraucht; von den noch ausständigen, etwa
8880 fl., zahlten die Privaten keine Interessen. Von dem Mobi=
liar auf den Gütern wurde nur das Ueberflüßige, Unbrauchbare
verkauft; alles andere blieb zurück. Uebrigens sah es schlecht
aus: das Zinn war mit Blei vermischt, Messing und Kupfer
zerbrochen, mit Eisen geflickt, das Bettgewand der Dienstleute
mit Viehhaaren oder Häckerling gefüllt; im Kloster selbst war
nur schlechtes Geräthe. Der Kreishauptmann von Cilli, welcher
im August die Licitation leitete, meinte: „man müsse sich schämen,
solches Zeug zur Ausstellung zu bringen". Dafür waren im
Kloster vier Keller mit 5000 Eimern Wein; in den fünf Mo=
naten, in welchen die Mönche noch im Kloster lebten, wurden
davon 1633 Eimer ausgeschenkt; das andere kam für 12.722 fl.
zum Verkaufe [1]). Die Bibliothek enthielt meist Gebetbücher; sie

---

[1]) Berichte Hammers, März, August 1782. St. A.

wurden an das Lyceum in Graz geschickt. In der Registratur
waren 1694 Manuscripte, zumeist Privilegien, Schenkungs=, Kauf=
und Verkaufbriefe und einige Verzeichnisse, welche für die
alte Topographie des Landes von Interesse sind; sie liegen
noch in den Klosteraufhebungsacten der Grazer Regierung.

Das Activvermögen der Karthause Seiz belief sich auf
305.116 fl., das Reinvermögen nach Abzug der Schulden
271,666 fl.[1]. Ein Grazer Bürger, Jacomini, hatte für Seiz
300.000 fl. geboten, die Regierung zog es aber vor, die Seizer
Güter noch in eigener Regie für den Religionsfond zu behalten.
Erst später wurden sie an den Fürsten Windischgrätz verkauft.
Heutzutage ist die Karthause eine Ruine; in dem elenden Gebäude
wohnt noch ein Waldhüter; die Thürme sind ohne Dach, die
Kirche verfallen und bald wird alles vom Wald überwachsen sein,
wie vordem, als Markgraf Ottocar die ersten Karthäusermönche
berief. —

　　5. Das Stift der Augustiner Chorherren zu Seckau
bestand seit 600 Jahren. Ursprünglich zu St. Marein bei Knittel=
feld 1140 gegründet, verlegte es der Erzbischof von Salzburg

---

[1] Die Tabelle, welche Hofrath Heinke 1781 dem Kaiser vorlegte,
verzeichnete die Karthausen in Oesterreich:

|  | Geistliche | Laien | Vermögen | Schulden |
|---|---|---|---|---|
| In Böhmen: Walditz, . . . . | 16 | 2 | 305.330 fl. | — |
| In Mähren: Olmütz . . . . | 12 | 3 | 333.225 „ | — |
| „ Königsfeld . . . | 12 | 4 | 270.720 „ | 6.100 fl. |
| In Unterösterreich: Aggsbach . | 11 | 2 | 7.212 „ | 26.876 „ |
| „ Gaming . | 20 | 6 | 481.942 „ | 60.000 „ |
| „ Mauerbach | 23 | 5 | 547.471 „ | 179.700 „ |
| In Steiermark: Seiz . . . . | 13 | 3 | 170.446 „ | 68.711 „ |
| In Krain: Freudenthal . . . | 12 | 3 | 210.075 „ | — |
| In Tirol: Schnals . . . . | 13 | 2 | 196.679 „ | 11.075 „ |
| In Vorderösterreich: Freiburg | 8 | 2 | 121.728 „ | 30.000 „ |
| Die Camaldulenser auf dem |  |  |  |  |
| Kalenberg . . . . . | 13 | 10 | 161.867 „ | 4.900 „ |
| Im Ganzen: | 153 | 42 | 2,506.698 fl. | 387.363 fl. |

Das Vermögen ist bei einzelnen zu niedrig angesetzt. A. b. M. des
J., C. A.

Eberhard II. nach Seckau, und ernannte die Chorherren zu Dom-
herren. Die Bischöfe von Seckau, denen seit 1219 das Stift als
Wohnort angewiesen war, vertrugen sich aber nicht mit den Chorherren und bauten sich auf dem Leibnitzer Schloßberge eine neue
Residenz. Erst 1786 übersiedelte der Bischof nach Graz. Das Chor-
herren-Stift wurde am 13. März 1782 durch den Gubernialrath
Plöckner aufgehoben, zunächst wegen des schlechten Vermögensstan-
des, „damit, wie das Hofdecret sagte[1]), nicht mehr treuherzige Gläubiger durch solches angeführt werden". Der Antrag des Guberniums, das Stift als Säcular-Domcapitel des Bischofes zu behalten, wurde nicht bewilligt. Die Geistlichen gingen am 12. August
auseinander. Der Dompropst erhielt 800 fl., der Dechant 600 fl.
jeder andere 300 fl. Pension und 100 fl. zur Ausstaffirung[2]). Die
Stiftkirche wurde zur Pfarrkirche bestimmt, die alte Pfarrkirche
gesperrt und für den Religionsfond verkauft. Die Grabmäler des
Erzherzogs Karl, des Vaters Ferdinands II., und anderer Erzher-
zoge blieben in der Stiftkirche. Zwei bis drei Geistliche besorgten
die Seelsorge. Die gestifteten Andachten, jährlich 161 Aemter und
341 Messen wurden an die Landpfarren überlassen[3]).

Nach dem Inventar betrug das Activvermögen des Stiftes
755.205 fl., die Schuldenlast 298.757 fl., das Reinvermögen
456.448 fl.[4]) Dem Stift gehörte ein goldführendes Kupferbergwerk, von dem das Münzamt jährlich für 185 fl. Gold ein-
löste, die Herrschaften Hauzenbühel, Seckau sammt Markt und
Witschein, welche von der Regierung übernommen und verwaltet
wurden; ferner ein Wald und eine Wiese ein Zehent und fünf
Unterthanen bei Graz, sämmtlich verkauft um 2090 fl. Der
Seckauerhof in Graz wurde dem Bischofe als Residenz überlassen. Die Geräthschaften wurden um 866 fl. versteigert. Die
Paramente blieben in der Stiftskirche[5]).

---

[1]) An das i. ö. Gub. 11. März 1782. St. A.
[2]) An das Gub. 2. Mai 1782. St. A.
[3]) C. M. Protokoll 1783.
[4]) Verzeichniß der Liquidationscommission 1805.
[5]) Hammer's Berichte, 6. Februar, 24. September 1783.

6. Das Frauenstift des Benedictiner=Ordens zu Göß, das älteste Kloster in Steiermark, gestiftet 1004, hatte alle religiösen und politischen Stürme überstanden und wurde am 21. März 1782 durch den Grazer Kreishauptmann Graf Wolf von Stubenberg als aufgelöst erklärt.

Im Kloster lebten die Aebtissin Marie Gabriele v. Schaffenden, die Priorin Bernarda Gräfin Galler, 28 Chorfrauen, meist adeligen Standes, 22 Laienschwestern, 3 Novizinnen, 10 weltliche Laienschwestern, 1 Beichtvater, 3 Pfarrer und Stiftsgeistliche, 1 pensionirter Pfarrer, 4 Musiker, der Hofrichter mit 6 Beamten, 3 pensionirte Beamte, 5 Spitalsleute und 7 Sieche. Bei der Verwaltung und Wirthschaft waren 52 Personen bedienstet.[1]) Die Nonnen blieben noch 6 Wochen im Kloster gegen ein Taggeld, 1 fl. für die Aebtissin, 30 kr. für jede Nonne. Die Novizinnen erhielten die Kost und mußten nach 4 Wochen das Kloster räumen. Mehrere Nonnen wollten zu den Ursulinerinnen in Graz in die Kost gehen; als ihnen aber bedeutet wurde, daß sie in diesem Regel und Kleid der Ursulinerinnen annehmen müßten, erklärten sie sich für den weltlichen Stand, ließen sich dispensiren und zogen zu Verwandten. Die Aebtissin bekam eine Pension von 1500 fl. und durfte mit Erlaubniß des Kaisers den Abbeyring behalten.

Wie in Seckau wurde die Stiftkirche in Göß zur Pfarrkirche erklärt, die alte Pfarrkirche entweiht und verkauft und die wenigen Stiftungen im Einvernehmen mit dem Bischof an andere Pfarren übertragen.

Das Vermögen war beträchtlich, der Activstand wurde berechnet auf 584.937 fl., der Passivstand auf 27.350, das Reinvermögen auf 277.781 fl. Das Cameralzahlamt übernahm davon 271.666 fl.[2]). Ein Denunciant Josef Merz hatte dem

---

[1]) Fascikel 204. Nr. 439. Stift Göß. Graz. St. A.

[2]) Die Benedictiner=Nonnen im Lemberg hatten ein Vermögen von 61.102 fl., die in Monostro bei Aquileja ein Vermögen von 134.535 fl. C. A.

Gubernium angezeigt, daß in Göß Geld vermauert sei; seine An=
gabe stellte sich jedoch als falsch heraus. An Capitalien, eigenen
und gestifteten, wurden vorgefunden 105.350 fl., ein Wein=
vorrath im Werthe von 19.793 fl., Silber und Pretiosen im
Werthe von 20.000 fl., unter diesen eine Monstranze von Gold
1760 Ducaten schwer mit 467 Diamanten, 331 Rubinen und
Granaten, 290 Perlen besetzt. Der Bilderhändler Georg Scherer
in Graz kaufte sie um 6900 fl. Das meiste blieb in der
Kirche. Für Geräthschaften kamen 2516 fl. ein. Das Convent=
haus war von großem Umfange und wurde von der Regierung
erhalten.

An liegenden Gütern gehörten zum Stift: Die Herrschaft
Göß, welche aus vielen im Lande zerstreuten Theilen bestand,
mit 2014 Rusticalgründen, 1400 Unterthanen und eine große
Meierei; ferner 32 Weingärten bei Luttenberg, Pettau und an=
deren Orten, die Aemter Röthelstein und Tragöß, Gilten im
Grazer und Marburger Kreis, die um 21.886 fl. verkauft wur=
den. Die Herrschaft blieb in staatlicher Verwaltung, der Hof=
richter von Göß, Anton von Schäfersfeld, ein verständiger Land=
wirth, trat als Administrator der Cameralgüter in Staatsdienst.

In den Schriften über die Aufhebung des Stiftes Göß
ist zugleich das Schicksal einer Nonne verzeichnet, das wir hier
als ein Nachtstück des Klosterlebens getreu nach den Acten wieder
erzählen.

Im Stifte lebte eine Nonne Columba, eine geborene
Gräfin Trautmannsdorf. Die Mutter, Gräfin Therese Traut=
mannsdorf, eine geborene Freiin v. Zay aus Ungarn, hatte drei
Töchter hinterlassen, welche protestantisch erzogen, dann katholisch
wurden und in Klöstern untergebracht waren. Anna Maria lebte
im Savoyischen Damenstift, Sigismunda war Ursulinerin in
Wien und Columba Benedictiner=Nonne in Göß. Die Mutter
hatte jeder eine Rente von 100 fl. vermacht, da aber das Ver=
mögen nicht ausreichte, hatten die Verwandten, ein Graf Colo=
nics und ein Baron Zay, zugelegt, so daß jede Tochter eine Rente

von 200 fl. genoß. Als 1779 die Aebtiffin Henrica gestorben
war und eine neue Aebtiffin gewählt werden sollte, kam der
Consistorialrath Bönicke aus Salzburg als Notar des erzbischöflichen Wahlcommiffärs nach Göß. Nach dem Verzeichnisse fehlte
bei der Versammlung im Capitelsaale die Nonne Columba; auf
seine Frage erklärten die Priorin und andere Chorfrauen sie als
widerspenstig und närrisch. Bönicke fand die arme Frau in einem
abscheulichen Raume eingesperrt und verwendete sich für ihre
Freilaffung. Acht Monate später schrieb er in dieser Angelegenheit an den Fürstbischof von Seckau: [1]

„Bei der im Mai vorigen Jahres vollzogenen Aebtiffin-
wahl zu Göß hatte ich die Ehre, dem erzbischöflichen salzburgi-
schen Wahlcommiffär, jetzt Bischof von Brixen, als Notar zu
dienen. In dem examine praevio offenbarte es sich, daß die
Chorfrau Columba, geborene Gräfin Trautmannsdorf, nicht erscheinen konnte, weil sie wegen Vergehung im engen Arreste sich
befinde. Alles was auch die am ungünstigsten von ihr Denken-
den angeben konnten, bestand in dem, daß man wegen eines
„Streichs", den man an ihr wahrgenommen, wegen heftiger Aus-
brüche von Zorn und wegen Grobheiten gegen die Obrigkeit
nöthig befunden habe, sie einzusperren, und weil noch keine Besse-
rung erfolgt, sie bis jetzt eingesperrt zu halten. Andere, die hoch-
betheuerten, nie eine besondere Freundschaft zu ihr und viel Um-
gang mit ihr gehabt zu haben, behaupten, man wäre wegen der
Lebhaftigkeit des Temperamentes ihr schon längst etwas strenger
begegnet, habe ihr das wenige von der Familie jährlich einge-
sandte Einspendgeld pr. 50 fl. entzogen [2], darüber ihr Gemüth
nur desto mehr aufgebracht, sie zu überlauten Klagen, Murren
und Widerspruch gegen die Obrigkeit veranlaßt, sich endlich be-

---

[1] Salzburg, 8. Jänner 1780. Fascikel Göß. Graz. St. A.

[2] Bönicke war hier nicht gut unterrichtet. Columba bezog 200 fl.,
das Stift hat die halbjährigen Raten vom 9. August 1778 bis 9. August
1782 erhalten.

rechtigt geglaubt, sie in einen Arrest zu sperren, in welchem sie
noch und seit mehr als anderthalb Jahren schmachtet. Was ihre
erklärten Freundinnen zu ihrer Vertheidigung vorbrachten, will
ich nicht anführen, weil es zu parteiisch scheinen könnte.

Diese Unglückliche ist in der lutherischen Religion geboren
und eine Zeitlang erzogen, hiernach aber auf Anstiften (wessen
ist mir nicht bewußt) ihrer Mutter und zwei Schwestern weg=
genommen, in der katholischen Religion weiter erzogen und zu=
letzt in das Kloster Göß gebracht worden. Ueber all dieses be=
schwert sie sich nicht, sie beklagt sich auch nicht über ihren geist=
lichen Stand, nur unter die Hände der Benedictiner wollte sie
nicht und lieber in dem verhaßtesten Orte von der Welt sein.
Wir hielten es für nothwendig, sie selbst zu sprechen. Sie redete
mit ganz guter Vernunft und konnte die Geschichte ihres Arrestes
besser als jede andere erzählen; sie glaubte sich selbst durch ihren
Eifer für den alten Choral, in welchem man ihrer Angabe nach
einige Aenderungen vornahm, zugezogen zu haben. Sie entschlug
sich mit aller Bereitwilligkeit ihrer Stimme bei der Wahl und
bat nur bald an einen anderen, nicht unter Benedictineraufsicht
stehenden Ort versetzt zu werden, es möchte wo immer in der
Welt sein. Nur die erwählte Aebtissin, früher Frau Priorin, wollte
sie hiernach nicht anerkennen und verfiel bei dieser Gelegenheit
in einige Albernheiten. Nun sieht diese Erbarmungswürdige in
vielen Wochen und Monaten keine Seele, zu welcher sie Ver=
trauen haben könnte; der Ort, wo sie eingesperrt ist, ist etwas
tiefer als der außen anstoßende Garten; darum sieht man auch die
Wände und Fußboden mit Schimmel und Moder überzogen,
wodurch die Gesundheit und noch schwache Vernunft der armen
Gefangenen immer noch mehr zerrüttet werden müssen.

Beinahe hätte es mir geglückt, von dem Herrn die Er=
laubniß sie in eine leidlichere Verwahrung zu bringen zu erbit=
ten, wenn nicht die Einwendung einiger Klosterfrauen, daß sie
als „scheinende Närrin“ die Ruhe der ganzen Gemeinde stören
würde, und der ernstliche Vorsatz, ihr beim allerhöchsten Hofe

bald ein milderes Schicksal zu erwirken, Se. fürstl. Gnaden da=
von abgehalten, und die bald darauf erfolgte Brixener Bischofs=
wahl die arme Verlassene ihres bereitwilligen Erretters beraubt
hätte.

Ew. fürstl. Gnaden ist es also vorbehalten, und ich bitte
flehentlich sie in hohen Schutz zu nehmen. In ihrem jetzigen
Aufenthalt würde sie nicht zurecht gebracht; wird sie anderwärts
milde behandelt, so ist alle Hoffnung sie herzustellen. In Göß
würde sie ihres Arrestes niemals los oder es ergäben sich hun=
dert Vorwände sie wieder dahin zurückzubringen. Auch die Ge=
hässigsten beschuldigen sie keines Verbrechens, sondern nur ein und
der anderen Unart. Sollte es in den Augen eines so großen
Menschenfreundes als Ew. fürstl. Gnaden sind, billig sein, eine
Unschuldige, deren Uebergang zur katholischen Religion und Ent=
schluß zum Klosterstand ohnehin bei näherer Untersuchung sich
vielleicht in einem ganz seltsamen Lichte zeigen würde, im Ge=
fängniß und in der Verzweiflung verderben zu lassen.

Nur noch eine ehrfurchtsvolle Bitte: die unglückliche Co=
lumba hat noch eine Schwester im Savoyischen Damenstift und
eine bei den Ursulinerinnen in Wien; letztere kenne ich von
Person als eine vernünftige und tugendhafte Klosterfrau. Dieser
schenken Ew. fürstl. Gnaden einen Besuch von einer Viertel=
stunde, sie wird Ew. Gnaden in allem weitere Erörterungen ge=
ben können.

Ich verbleibe in tiefer Ehrfurcht

Bönicke,
Consistorialrath."

Die Bemühungen des edlen Priesters hatten kein Resul=
tat. Es scheint nicht, daß die Bischöfe von Brixen oder Seckau
für die Freilassung der Gefangenen Schritte gethan haben. In
den Acten ist davon nichts zu finden.. Jedenfalls war es ihre
Pflicht umsomehr, als das Gesetz vom 31. August 1771 alle
Strafkerker und Gefängnisse in den Klöstern aufhob und nur
eine milde Correctionshaft gestattete. Der Raum, wo Mönche

und Nonnen zur Correction oder Bewachung untergebracht wur=
den, durfte zwar versperrt sein, aber er soll sich sonst von den
anderen Klosterzellen nicht unterscheiden, sauber gehalten und zu
allen Zeiten für die geistliche und weltliche Obrigkeit geöffnet
werden. Die Nonne Columba blieb trostlos und hilflos drei
Jahre in dem elenden Loche, und es trat ein, was Bönicke
vorausgesagt hatte, „daß ihre Gesundheit immer mehr zerrüttet
werden müsse“. Erst einer der verhaßten weltlichen Beamten
und Aufhebungscommissäre, Graf Wolf Stubenberg, nahm sich
der Unglücklichen an und sorgte dafür, daß sie Freiheit, Pflege
und ein friedliches Ende finden konnte. Als er bei der Aufhe=
bung im März 1782 die Klosterräume durchging, fand er die
Nonne noch in ihrem Gefängnisse und bereits „blödsinnig“. In
Folge seines Berichtes gewährte ihr das Gubernium eine an=
ständige Wohnung, Bedienung und Kost, bis die Hofkanzlei be=
fahl, sie auf Kosten des Religionsfondes in ein gutes, weltliches
Versorgungshaus zu bringen[1]). Der Hofkanzler Graf Kolowrat
wollte sie in das spanische Spital in Wien bringen lassen, aber
die Reise wäre für die „wahnwitzige Chorfrau“, wie sie nun
schon hieß, zu schwer und hart gewesen. Die Verwandten woll=
ten sich zu keinem höheren Beitrag als die bestimmten 200 fl.
herbeilassen, die Pension betrug ebenfalls nur 200 fl., so bere=
dete endlich Graf Stubenberg eine ältere Frau in Graz, Marie
Abholzerin, die Ex=Nonne gegen ein Entgelt von 400 fl. vom
1. Juli 1783 an in Kost und Wohnung zu nehmen. Sie ver=
pflichtete sich schriftlich, die Nonne anständig zu behandeln und
ihr nichts zu entziehen[2]). Wolf Stubenberg miethete ihr eine
Wohnung in der Hofgasse und sorgte für eine anständige Aus=
stattung von Wäsche, Kleidern, Möbeln; sogar für einige Gebet=
und Lesebücher. Hier verlebte die Unglückliche noch einige fried=
liche Jahre.

---

[1]) An das i. ö. Gub. 12. October 1782, 6. Febr. 1783.
[2]) Vertrag vom 1. Juli 1783. St. A.

Dieser und ähnliche Vorfälle, namentlich jener bei den Capucinern in Wien, veranlaßten im März 1783 die Erneuerung des Gesetzes wegen Abschaffung der Klosterkerker und eine strenge Visitation aller Klöster. In Lankowitz wurde im Franciscanerkloster ein wahnsinniger Mönch eingesperrt gefunden und es waren wenige Frauenklöster, wo nicht irgend eine blödsinnige Nonne eine besondere Pflege in Anspruch nahm.

7. Das Frauenstift der Dominicanerinnen in Studeniz bei Cilli bestand seit der Mitte des 13. Jahrhunderts und hieß ursprünglich von einer Quelle Gnadenbrunn. Die Aufhebung leitete der Gubernialrath Graf Franz Podstatzky-Liechtenstein vom 21. März 1782 an. Die Aebtissin Maria Agnes Hätzlein und die 16 Chorfrauen erklärten, daß sie nichts anderes wünschten, als zu ihren weltlichen Verwandten gehen zu dürfen. Der Ordinarius, Erzbischof von Görz, gab ihnen wie anderen Klosterfrauen seines Sprengels, als sie die Dispens von ihren Gelübden verlangten, den Rath im Kloster solange zu bleiben, als der Landesfürst es gestatten würde: „Nun aber, fügte er hinzu, weil ich sehe, daß eine oder die andere mit dieser Aeußerung nicht zufrieden sei, so dispensire ich so viel als ich immer kann, alle und jede und gebe jeder die Erlaubniß, in ein anderes Institut einzutreten: welche säcularisirt werden will, berathe sich mit ihrem Beichtvater und suche die Dispens schriftlich an".[1] Die Nonnen verließen das Kloster und erhielten die gesetzmäßigen Pensionen, die Priorin 365 fl. Nur eine alte hundertjährige Nonne wollte nicht scheiden. Die Regierung bewilligte ihr zu bleiben und bestritt ihren Unterhalt. Drei Novizinnen, welche noch nicht Profeß gemacht hatten, traten am 15. April aus, jede mit einer Abfertigung von 150 fl.

Die Klosterkirche sollte eine Pfarrkirche werden und wurde noch offen gelassen. Der Erzbischof von Görz bestellte dabei zwei

---

[1] Der Erzbischof an die Priorin. Görz, 26. April 1782.

Geistliche, welche die Regierung mit 150 fl. dotirte. Das Kloster=
gebäude war anfangs als ein Sammelhaus für invalide Ex=
nonnen bestimmt, wurde aber später verkauft.

Das Kloster hatte ein Activvermögen von 181.764 fl.
nach Abzug der geringen Schulden von 1446 ein Reinvermögen
von 180.318 fl.:[1]) an barem Geld 1205 fl., an Kirchen und
Stiftungscapitalien 21.300 fl., an Unterthansausständen 11.723 fl.,
an Weinvorrath 2697 fl., an Mobilien und Geräthe 1380 fl.,
an Vieh und Naturalvorräthen 3487 fl., an Silber, Pretiosen,
Ornaten 12.501 fl. und an liegenden Gütern 125.949 fl.

Dazu gehörten das Gut Studenitz 72.226 fl., das Gut
Freistein in Untersteiermark 25.072 fl. im Werth und Gilten
in Krain 20.564 fl. Die letzteren wurden verkauft, die steirischen
Güter übernahm der Staat in eigene Verwaltung.

8. Das Frauenkloster der Dominicanerinnen zu Mäh=
renberg war älter als jenes zu Studenitz, gestiftet 1251 von
Siegfried von Mährenberg, der durch sein tragisches Ende unter
Przemysl Ottocar II. bekannt ist. Am 21. März 1782 erklärte
der Gubernialrath Max Freiherr von Waidmannsdorf seine Auf=
hebung.

Mit der Priorin Maria Seyfriede Gräfin Küenburg lebten
im Stift 24 Nonnen, meist adelige Frauen im Alter von 18 bis
50 Jahren; nur eine war 60 Jahre alt. Wie in Studenitz er=
klärten sich alle geneigt, mit Dispens in den weltlichen Stand
zu treten und mit der Pension, welche ihnen die Regierung ge=
währte, zu ihren Verwandten zu gehen, einige wegen ihrer ge=
brechlichen Gesundheit, andere gaben keinen Grund an. Nur die
Priorin wünschte eine höhere Pension, welche aber nicht bewilligt

---

[1]) Verzeichniß 1805. Die Klöster der Dominicanerinnen waren alle
reich; jenes in Olmütz hatte ein Vermögen von 16.000, zu Steinach in
Tirol 104.494 fl., zu Windhag in Oberösterreich 103.770 fl., zu Marien=
thal 118.773 fl., zu Lemberg 347.748 fl., zu Przemysl 59,974 fl. und zu
Zolkiew 37.651 fl. C. A.

wurde. Der Ordinarius, der Bischof von Lavant war davon
unangenehm berührt und schrieb der Priorin, daß er diese Er=
klärungen, welche durchgehends keinen Ordensgeist verrathen, nicht
mit Vergnügen gelesen habe; er frage an, ob denn den Kloster=
frauen eröffnet worden sei, daß sie in ein Kloster der Ursuline=
rinnen oder Elisabethinerinnen eintreten könnten.[1] Am 21. August
verließen alle Nonnen das Kloster. In demselben waren acht
stumme und blödsinnige Personen; sie wurden auf besonderen
Befehl des Kaisers auch weiter aus den Einkünften des Stiftes
verpflegt.

Mährenberg war eines der reichsten Frauenklöster in Oester=
reich. Das Activvermögen betrug 151.483 fl., die Passiven an
Schulden, Vitalizien und Deputaten 32.737 fl., das Reinver=
mögen 118.746 fl.[2]: an Bargeld 991 fl., an eigenthümlichen
Capitalien 37.000 fl., an unverbrieften Geldbeiträgen 170 fl., an
Unterthansausständen 5204 fl., an Silber, Pretiosen 10.112 fl.
Unter diesen sind verzeichnet eine silberne vergoldete mit Steinen
besetzte Monstranze, welche in Wien um 3000 fl. verkauft wurde,
mehrere Reliquientafeln in Gold gefaßt und mit Steinen besetzt,
Todtenköpfe von Silber, alte Goldmünzen im Werthe von 442 fl.
u. a., ferner Vorräthe an Wein, verkauft um 1017 fl.,
an Getreide 1468 fl., an Victualien 233 fl., an Vieh und
Meierhofgeräthschaften, von denen das Ueberflüßige um 1177 fl.
verkauft wurde, Stiftsmobilien 418 fl., eine Apotheke im Werthe
von 1000 fl. und liegende Güter im Werthe von 92.090 fl.
An das Cameralzahlamt wurden eingeliefert 47.785 fl. Die
Bücher und Handschriften sind nicht besonders verzeichnet.[3] Die
liegenden Güter kamen in staatliche Verwaltung: die Herrschaft

---

[1] Bericht Waidmannsdorf's vom 26. März 1782.

[2] Verzeichniß von 1805. St. A.

[3] Die Universitätsbibliothek in Graz hat ein Breviar aus Kloster
Mährenberg in deutschen Versen. Verzeichniß der Handschriften der Univ.=
Bibl. in Graz 1864.

Mährenberg mit einer Meierei und Weingärten, geschätzt auf
67.475 fl., die Herrschaft Saldenhofen 17.862 fl. und Gilten
in Kärnten 6752 fl. im Werth.[1]).

Das Klostergebäude war 1780 abgebrannt und der Neubau
nicht vollendet. Der Bischof von Lavant trug an, die Pfarre
des Ortes dahin zu verlegen. Da die Stiftskirche eine Viertel-
stunde vom Markte entfernt und im Markte ohnehin ein Pfarrer
und Cooperator bestellt war, so ging die Regierung nicht darauf
ein, einen eigenen Kaplan für die Klosterkirche zu dotiren. Nach
der Angabe des Bischofs waren bei dem Kloster 533 Aemter
und Messen gestiftet, nach dem Ausweise des Commissärs konnten
nur 301 als rechtlich angesehen werden; aus dem 14. Jahrhundert waren 15 Messen, meist von Ritter Heinrich von Mährenberg 1382 gestiftet, aus dem 15. Jahrhundert 8 Messen, aus
dem 16. keine, aus dem 17. nur 3 und aus dem 18. Jahrhundert nur eine. Sie wurden sämmtlich an die Pfarre Mährenberg und andere Pfarren übertragen.

9. Die Cölestinerinnen in Marburg oder die Chorfrauen der heil. Jungfrau Maria Annunciata unter der Regel
des heil. Augustin, hatten ein kleines Kloster, in dem die Priorin,
10 Chorfrauen und 6 Laienschwestern lebten. Es wurde am
2. April 1782 durch den Gubernialrath Graf Josef Gaisruck
aufgehoben. Die Nonnen erhielten wie überall 200 fl. Pension,
die Laienschwestern 150 fl.; sie ließen sich dispensiren und gingen
zu ihren Verwandten in Steiermark oder Oesterreich.

Das Kloster bestand erst kurze Zeit und war arm. Der
Commissär fand nicht so viel Geld, um dem Bäcker das tägliche Brot zu zahlen; er mußte den Nonnen für einen halben Monat
das Geld zur Verpflegung 127 fl. vorausbezahlen. Der Ertrag
der Weingärten war auf Jahre hinaus verpfändet, die Unterthanen wollten nicht zahlen, zur Einbringung der Fechsung waren

---

[1]) Hammer berechnete bei allen Klostergütern den Werth nach dem
4perc. Einkommen.

200 fl. erforderlich. Das Kloster hatte 17.994 fl. Schulden; ein Herr von Fries hatte 5000 fl. zu fordern; die Steuern waren nicht bezahlt. Das Activvermögen betrug 28.779 fl.: an barem Geld, d. h. alten Münzen 130 fl., an Capitalien 22.246 fl., an Silber und Pretiosen 308 fl., an Vorräthen 1769 fl., an Realitäten 4323 fl. Das Reinvermögen betrug 10.784 fl.[1]

Die Realitäten bestanden aus dem Klostergebäude mit Garten, aus einigen Aeckern, Weingärten und Berggilten. Die letzteren wurden um 4803 fl. verkauft. Die Regierung wollte anfangs das Kloster für Ex-Nonnen, welche Ursulinerinnen werden wollten, verwenden, „sie könnten dadurch der Jugend am nutzbarsten sein", aber es meldeten sich so wenige, daß man davon abstand. Die Kirche wurde am 22. August gesperrt; die Altäre, Glocken, Tabernakel, Bilder und Holzstatuen wurden an andere Kirchen vertheilt, die Kirche, Kloster und Garten der Militär-Oekonomiecommission in Bestand überlassen[2].

10. Das Paulinerkloster zu Ulimie in Untersteiermark an der croatischen Grenze wurde am 3. September 1782 aufgehoben. Die Einsiedler des heil. Paulus waren ursprünglich ein ungarischer Orden. Ein Bischof von Fünfkirchen hatte 1215 die Einsiedler seines Sprengels in eine Gemeinschaft vereinigt und Papst Clemens V. dieselbe 1308 als einen Orden mit der Regel des heil. Augustin anerkannt. In Steiermark hatten die Paulinermönche zwei Klöster, eines zu Ulimie, eines zu Maria-Trost bei Graz. Ulimie gehörte zur croatischen Provinz des Ordens. Das Kloster war schwach besetzt. Außer dem Prior Benantius Glavina lebten darin 4 Mönche und 6 Novizen. Die Mönche betrugen sich gehässig gegen einander, Zucht und Wirthschaft waren verfallen. Schon 1781 ordnete die Regierung eine kreisämtliche Untersuchung an, der Prior aber entgegnete: die Wirthschaft des Klosters schlage in das geistliche Recht ein, er

---

[1] Bericht Gaisruck's, 2. April 1782. Verzeichniß 1805.
[2] Berichte des Hammer und Schäfersfeld. St. A.

berufe sich auf das Decret P. Clemens VII. circa administra-
tionem, nur aus Achtung vor der Obrigkeit wolle er antworten.
Er fügte sich auch dem Ordinarius, dem Bischof von Laibach,
nicht, so daß dieser sich bei dem Gubernium über das wider-
spenstige respectlose Betragen des Priors, der weder der geistlichen noch weltlichen Obrigkeit gehorchen wolle, beklagte. In
Folge dessen verfügte die Hofkanzlei am 30. Juli 1781 die
Sperrung der Temporalien und auf den Antrag des Guberniums
am 7. August 1782 die Aufhebung „dieses in Grund verdorbenen
und dem Publicum unnützen Klosters."

Der Kreishauptmann von Cilli Freiherr Cajetan v. Langen-
mantl verkündigte den Mönchen am 3. September die Aufhebung. Da der Prior nach Ungarn abgereist war, befahl die
Regierung, ihn nach seiner Rückkehr sogleich von seinem Amt
zu entheben. Die Mönche erhielten drei Monate Frist zur Räumung des Klosters, den Unterhalt hatten sie aus eigenen Mitteln
zu bestreiten, da sie in andere Klöster ihres Ordens im Ausland oder in Ungarn zu versetzen seien; der Provincial in
Croatien habe dafür zu sorgen; die Novizen können in
ein Paulinerkloster gehen oder ganz austreten[1]). Eine Verlänge-
rung des Termins, welche der Provincial begehrte, wurde nicht
bewilligt, das Kloster müsse bis Ende November oder längstens
December geräumt sein. Ein Jahr später gewährte die Regierung
dem Prior doch eine Pension von 300 fl. und jedem der Mönche
eine von 200 fl.

Das Inventar verzeichnete ein Activvermögen von 60.652 fl.,
an Schulden 24.534, also ein Reinvermögen von 36.118 fl.,
wovon 31.955 fl. an das Cameralzahlamt eingingen. An barem
Gelde wurden gefunden 336 fl., später in einer Kapelle noch
236 fl., an eigenen Capitalien 25.161 fl., an Stiftungscapitalien 15.180 fl., an Geldbeiträgen 57 fl. Von Unterthansausständen wurden 1609 fl., von Pretiosen und Silber 552 fl.,
von Geräthen 672, von Wein und anderen Vorräthen 2204 fl.

[1]) C. 22. Sept. 1782. Fasc. 204. Nr. 53. Graz. St. A.

gelöst, die liegenden Güter, einige zerstreute Gilten um 14.067 fl.
verkauft. Eine Gilt wurde mit der Pfarrgilt Rann vereinigt.
Die Bibliothek enthielt einige Bücher ohne Werth. Die Kloster=
kirche wurde zu einer Pfarrkirche bestimmt und auf Antrag des
Ordinarius die Gemeinden Stadlernberg, Slake und Sopote
mit 716 Seelen eingepfarrt. Die Regierung rügte einige Punkte
des Inventars; nicht alles war verzeichnet, der Fiscus mußte
die Capitalien in Croatien eintreiben, der Provincial gab meh=
rere Schuldbriefe nicht her, bis ihm 1785 mit der Sperrung
der Temporalien gedroht wurde. —

# V. Die Aufhebung der Klöster in Krain und Kärnten 1782.

In Krain beschloß die Landeshauptmannschaft die Aufhebung von 4 Klöstern: der Karthause Freudenthal, der Klöster der Clarissinnen in Laibach, Lack, Minkendorf, und zwar für einen und denselben Tag den 29. Jänner [1]). Als Commissäre wurden bestimmt für das Frauenkloster in Laibach Freiherr v. Raigersfeld, politischer Referent bei der Landeshauptmannschaft, für Lack Cajetan v. Petteneck, für Minkendorf Graf Alois Auersperg, für Freudenthal Joseph von Wolf, sämmtlich Räthe der Landeshauptmannschaft. In Folge einer Anfrage verfügte die Hofkanzlei auch die Aufhebung zweier Paulinerklöster und des Klosters der Dominicanerinnen in Michelstetten, welche der Kreishauptmann Graf Plagay vollzog.

1. Das Clarissinnenkloster in Laibach wurde erst 1648 gestiftet. Dr. Hiller, der Sohn eines Buchbinders widmete dafür 60.000 fl. 1656 wurde die Kirche eingeweiht, 1657 das Kloster von 20 bis 30 Nonnen aus Lack bezogen. 1782 lebten im Kloster die Aebtissin Maria Josepha v. Preschern, 22 Nonnen, meist adelige Frauen, 2 Geistliche, 1 Beichtvater und 1 Kaplan, 4 Kostkinder und 15 Dienstboten. Im Kloster war eine ganze Wirthschaft, eine Lederkammer, Getreide-, Speisekammer, Ställe u. a. Eine Nonne war Sacristanerin, eine andere Apothekerin, Kastnerin, Kellnerin. Sie betrugen sich bei der Auflösung, wie der Commissär berichtete, „mit Bescheidenheit und Geistesgegenwart".

---

[1]) Sitzungsprotokoll 21. Jänner 1782. Laibach N. A.

Ende Mai verließen sie das Kloster und traten in den weltlichen
Stand. 1790 lebten noch 19 Ex-Nonnen und 2 Laienschwestern;
die letzte Nonne starb erst 1839 in Laibach [1]).

Die Aufnahme des Inventars dauerte bis zum 18. Juni.
Das Vermögen des Klosters betrug 137.083 fl. nach Abzug
der Passiven 126.464 fl., und mit dem Vermögen der Kirche und
der Bruderschaft vom Herzen Jesu 156.036 fl. Das bare Geld
1661 fl., in Activcapitalien 120.498 fl., die Goldpretiosen und
das Kirchensilber im Werthe von 3005 fl. wurden an die
Cameralcassa eingeliefert. Die Geräthschaften in den Zellen
wurden verkauft um 1063 fl., Bilder, Statuen und Kupferstiche
um 32 fl., 40 Eimer Wein, „von dem für die Frauen ange=
zapft war", um 1575 fl. Bei der Kirche waren 583 Messen ge=
stiftet, welche vertheilt wurden. Das Kloster und der Garten
wurden den Elisabethinerinnen angeboten und als diese das
Geschenk ausschlugen, 1784 für ein Militärspital und Proviant=
magazin verwendet.

2. Das Clarissinnenkloster in Lack oder Bischoflack,
weil die Stadt ehemals dem Bischof von Freisingen gehörte,
war gestiftet 1358 und eines der angesehensten Klöster im Lande.
1782 lebten darin die Äbtissin Maria Augustina v. Rastern
und 28 Nonnen. 12 derselben traten nach der Aufhebung in
den weltlichen Stand, die anderen in den Ursulinerinnenorden
und zwar in Lack selbst. Auf Befehl des Kaisers wurde das
Kloster den Ursulinerinnen übergeben, welche hier Kostkinder
halten und Unterricht geben sollten. Zur Einrichtung kamen
3 Ursulinerinnen von Graz, eine Oberin, eine als Haus=, eine
als Schulpräfectin. 1790 lebten noch 14 Ex-Nonnen aus Lack,
eine Gräfin Barbo, eine Freiin von Zierheimb u. a.

Das Inventar verzeichnet an Bargeld 42 fl., an Capita=
lien 17.850 fl. an Silbergeschmeide 197 fl., an Büchern 62 fl.,

---

an Wein 402 fl. Die Herrschaft Lack bestand aus 80 Huben
und wurde nach dem jährlichen Reinertrag von 1683 fl. geschätzt auf 42.094 fl., die drei Häuser in Stadt Lack auf 630 fl.
Das Vermögen des Klosters betrug 89.242 fl. und nach Abzug
der Schulden 80.079 fl. [1]).

3. Das Kloster der Clarissinnen in Minkendorf,
eine halbe Stunde vom Städtchen Stein entfernt, war das
älteste Kloster dieses Ordens im Lande, gestiftet und ausgestattet
1287 von Seifried von Gallenberg. Die erste Aebtissin war die
Tochter des Stifters, Clara von Gallenberg, die letzte Maria
Mechtildis von Gall.

Als Graf Auersperg am 29. Jänner den Chorfrauen,
22 an der Zahl, die Aufhebung verkündigte, bezeigten sie ihren
Gehorsam, baten aber dringend, im Kloster bleiben und ihren
Tod ruhig abwarten zu dürfen. Sie erboten sich, wie bisher
Mädchen zu unterrichten und noch 30 Chorfrauen ihres Ordens
unentgeltlich in die Kost zu nehmen. Der Commissär und die
Landeshauptmannschaft berichteten darüber nach Wien, aber die
Hofkanzlei bestand auf der Aufhebung [2]). Einige Nonnen erklärten
zu den Ursulinerinnen eintreten zu wollen, wenn sie ihre Ordensregel behalten dürften; als auch diese Ausnahme verweigert
wurde, baten sie um die Säcularisation und verließen nach Ab-
lauf der fünf Monate ihr Kloster. 1790 lebten noch 16 Ex-
Nonnen aus Minkendorf, die meisten bei ihren Verwandten [3]).

Das Kloster wurde, da Graf Auersperg berichtete, daß es
nicht leicht für weltliche Zwecke verwendet werden könne, zu einem
Versammlungsort für Ex-Nonnen bestimmt. In der That wurden
in Minkendorf mehr als 50 Ex-Nonnen aus verschiedenen Klöstern
untergebracht. Aber der Friede war aus dem Hause gewichen,

---

[1]) Laibach, R. A. Fasc. N. Vgl. Raimund Schrey a. a. O.

[2]) An die Landesh. 25. Febr. 1782.

[3]) Die Pensionen betrugen 1783 für Minkendorf 2850 fl., für Lack
3750 fl., für Laibach 4400 fl., für Freudenthal 5000 fl. im Ganzen 16.000 fl.
A. d. C. M.

die Nonnen stritten sich oft, sogar um ihre Beichtväter. Ein Pater
Niggel hatte mit dem Franciscaner Pheresäus, welcher ebenfalls
Beichtvater sein wollte, einen ärgerlichen Streit, welchen zuletzt
der Bischof entscheiden mußte. [1])

Das Inventar wurde von den Räthen der Landeshaupt=
mannschaft Raigersfeld und dem Erzpriester Tauferer aufge=
nommen. [2]) Sie verzeichneten an barem Gelde 162 fl., an Pre=
tiosen 1730 fl., an Paramenten 2095 fl., an Silber 1797 fl.,
an Meß= und Vespergeldern 475 fl., an Capitalien 24.620 fl.,
an Stiftungscapitalien 25.600 fl., an verfallenen Interessen
250 fl., an Unterthansausständen 1247 fl., an Hausge=
räthe 127 fl., an Wirthschaftsgeräthe 1326 fl. u. a., im Ganzen
ein Vermögen von 140.597 fl. mit einem jährlichen Einkommen
von 6773 fl.

Ein Haus in Stein wurde um 200 fl. verkauft, die Herr=
schaft Minkendorf, welche ihre Unterthanen in 80 Dörfern zählte,
im Werthe von 101.325 fl. vom Staate übernommen und später
verkauft.

4. Die Karthause Freudenthal, gestiftet 1260 von
Herzog Ulrich von Kärnten, [3]) wurde besonders von den Grafen
von Cilli begünstigt. Graf Friedrich von Cilli schenkte 1426 der
Kirche zu Freudenthal so viel Geld, Kelche und Meßgewänder,
daß man im Kloster drei neue Zellen und die Emporkirche bauen
konnte. Mit der Zeit hatten es die Karthäuser zu einem stattlichen
Besitz gebracht. Für die Wirthschaft der Güter waren ein Hof=
richter und 38 Personen angestellt; im Kloster waren allein
3 Küchenjungen; ein Mönch war Kastner, ein anderer Procu=
rator u. s. w.

Zur Zeit der Aufhebung lebte in der Karthause der
Prälat [4]) P. Bruno Ortner, 13 Mönche und 3 Frater. Sie

---

[1]) Mf. histor. Museum in Laibach.
[2]) Fasc. M. 7. N. 34.
[3]) Der Stiftsbrief vom 1. November 1260. Fasc. F. N. 2. Laibach
N. A.
[4]) Der Prior von Freudenthal führte seit 1660 den Titel „Prälat".

baten alle um den Weltpriesterstand und wurden auch mit Aus=
nahme eines Einzigen von den Gelübden dispensirt. Nach Ab=
lauf der fünf Monate verließen sie die Karthause; jeder erhielt
die Pension von 300 fl., für die Ausstattung 100 fl. und
durfte sein Bett und seine anderen Effecten mitnehmen.

Das Kloster hatte 13 Mönchszellen, d. h. getrennte Woh=
nungen mit Gärtchen; 7 Zellen waren für eine Person, 6 für
zwei Personen eingerichtet; der Prälat hatte drei Zimmer. Das
Gebäude war in gutem Zustande, die Kirche eine der schönsten
im Lande mit Marmor gepflastert, mit sieben Altären, Bildern
und Schnitzwerken geziert. Das Kostbarste war die Bibliothek,
welche 3428 Bücher zählte, unter diesen schöne Werke, so eine
Ausgabe des Jean Froissart aus der Zeit Carl's VIII. Die
Manuscripte, meist Stiftbriefe, Schenkungen, Verträge waren
in Freudenthal wohl verzeichnet und geordnet; dabei war eine
Handschrift „Augustinus de civitate dei" 1347 auf Pergament
geschrieben mit vergoldeten Initialen, ein Antifonarium, ein
Choralpsalter auf Pergament u. a.

Das Inventar wurde am 6. Februar 1782 geschlossen und
zeigte ein bedeutendes Vermögen [1]: an Barschaft 982 fl. unter
dieser 11 alte goldene Denkmünzen, an Capitalien 86.336 fl. [2],
an Unterthansausständen 1591 fl., an Silbergeräthe 371 fl., für
Bücher 323 fl., für Waffen, Gewehre, Pistolen und Säbel 116 fl., an
Vorräthen an Getreide 1457 fl., an Wein 5025 fl., an Hausgeräthe
794 fl., an Apothekerwaaren 123 fl., an Pferden und anderem
Vieh 1256 fl., an Einrichtung in Thurnlack 1167 fl., im Hause
zu Laibach 115 fl.

Die unbeweglichen Güter wurden mit einem Werthe von
137.081 fl. verzeichnet: Gilten und Realitäten im Werthe von

---

[1] Fasc. F. Nr. 2. Vergl. Mittheilungen des histor. Vereines für
Krain 1854. S. 19; als Nachtrag in Klun's Archiv 2. 3. von Anton
Jellouschek.

[2] 45.100 fl. in öffentlichen Fonden, 4031 fl. bei Privaten, 17.227 fl.
auf Stiftungen in öffentlichen Fonden, 19.977 fl. Stiftungscapitalien der
incorporirten Vicariatskirchen.

112.247 fl., nämlich das Gut Freudenthal, geschätzt auf 71.441 fl. und das Gut Thurnlack geschätzt auf 15.625 fl., ferner die Aemter Preßer und Brehovics 16.223 fl., die Gebäude zu Freudenthal und Thurnlack 3000 fl., das Kaplaneihaus zu Zirknitz 600 fl., Weingärten im Wippacher Boden bei Planina, St. Veit und Görz 2010 fl., eine Mandria in venetianisch Istrien zu Hunds= dorf 2200 fl., ein Haus in Laibach 800 fl.

Das Vermögen des Klosters betrug im Ganzen 201.926 fl. Trotzdem war der Prälat oft mit Zahlungen im Rückstande; so war er 800 fl. an den Staat für Bestätigung der Tempo= ralien schuldig geblieben. Das Gut Freudenthal kam in staat= liche Verwaltung, Thurnlack wurde später dem Oberststallmeister= amte überlassen.

5. Das Kloster der Dominicanerinnen in Michel= stetten, anderthalb Meilen von Krainburg, gegründet 1396 von Herzog Wilhelm von Oesterreich, wurde am 3. Juli 1782 auf= gehoben.[1]) Außer der Priorin Agnes Plauzin lebten im Kloster 17 Chorfrauen, meist adelige Frauen aus heimischen Geschlechtern, eine Gräfin Liechtenberg, Gallenberg, Auersperg u. a. Eine Nonne Francisca Müllitsch galt als wahnsinnig. Alle Nonnen er= klärten sich für den weltlichen Stand; sie zogen zu ihren Ver= wandten und lebten von ihrer Pension. Die Kostfräulein wurden 14 Tage nach dem Aufhebungsact entlassen. Michelstetten sollte anfangs ein Versammlungsort für Exnonnen werden; aber alle, die dahin angewiesen wurden, verlangten eine höhere Pension, weil das Kloster in einer „Einöde" liege und nur mühselig dort zu leben sei. Die Regierung gab deßwegen den Plan wieder auf und richtete Minkendorf dafür ein.

Das Vermögen des als arm dargestellten Klosters betrug doch 204.478 fl. Die Herrschaft Michelstetten, welche an den Staat überging, wurde auf 194.437 fl. geschätzt. Dazu kamen an Bar= geld 455 fl., an Stiftungscapitalien 14.023 fl., an eigenthüm=

---

[1]) Fasc. M. 2—3. Laibach, R. A.

lichen Capitalien, welche der Fiscus übernahm, 30.923 fl., an Silber und Pretiosen 340 fl. u. a. Die Bücher, einige Andachts=bücher mit dem Titel „Augentrost", „geistliche Zucht" u. s. w. wurden auf 6 fl. geschätzt.

6. Wie in Steiermark wurden auch in Krain zwei Pau= liner klöster aufgehoben, eines zu St. Peter am Wald am 13. October 1782 mit einem Vermögen von 75.943 fl., das andere zu Maria am See am 19. October mit einem Ver= mögen von 25.013 fl. [1])

In Kärnten ging die Landeshauptmannschaft nur mit Widerstreben an die Aufhebung der Klöster. Sie berichtete [2]), daß es im Lande keine Karthäuser und keine contemplativen Frauenklöster gebe. Jenes der Clarissinnen in St. Veit sei schon in der Reformationszeit eingegangen. Es beständen nur noch vier Frauenklöster, welche alle eine wahrhaft nützliche Beschäftigung haben: die Ursulinerinnen in Klagenfurt besorgen den Unterricht, die Elisabethinerinnen pflegen die Kranken, die Dominicanerinnen in Maria Loretto und die Benedictinerinnen in St. Georgen halten Kostkinder, ertheilen Unterricht, geben den Armen die Arzneimittel umsonst; durch ihre Aufhebung würde dem Publicum zu viel entgehen, es möge nur die Zahl der Nonnen verringert werden. Der Kaiser entschied: [3]) das Kloster zu Maria Loretto soll aufgehoben, das zu St. Georgen am Längsee auf 10 Chor=frauen und 5 Laienschwestern reducirt werden.

1. Das Kloster der Dominicanerinnen zu Maria Loretto bei St. Andrä im Lavantthale war oftmals in Gefahr financiell zu Grunde zu gehen, und wurde nur durch das Mutter=kloster in Mährenberg erhalten. Bei der Aufhebung im März 1782 waren im Kloster nur zwei Chorfrauen und eine Laien=schwester, sie wurden zu den Elisabethinerinnen nach Klagenfurt

---

[1]) C. A. Wien. Fasc. 210.
[2]) 16. Febr. 1782. C. A.
[3]) 27. Febr. 8. März 1782. C. A.

versetzt. Das Vermögen, welches der Commissär von Gröller, Rath der Landeshauptmannschaft, übernahm, betrug 98.465 fl. Die Kirche in der Zeit von 1673—1704 erbaut, wurde beibehalten; das Klostergebäude sollte versteigert werden, und wurde, da kein Käufer erschien, zu einem Deficientenhause und später zu einem Priesterhause für das Bisthum Lavant bestimmt.

2. Das Frauenstift des Benedictiner=Ordens zu St. Georgen am Längsee, am Anfange des 11. Jahrhunderts auf einer altchristlichen Stätte gegründet von der Gräfin Wichburg, Frau des Grafen Ottwin im Pusterthal und Lurn, war oft dem Verfalle nahe und hatte sich nur durch Unterstützung des Erzbischofes von Salzburg und der weltlichen Fürsten erhalten. Kaiser Joseph wollte dasselbe 1782 noch fortbestehen lassen, befahl jedoch auf den Antrag des Guberniums seine Auflösung, die am 1. April 1783 vollzogen wurde. Das Vermögen betrug 274.618 fl.[1]). Das Gut wurde Religionsherrschaft und später verkauft. Das Einkommen sollte zu 4 Präbenden à 400 fl. für Stiftsfrauen im Damenstift zu Klagenfurt verwendet werden.

Kein Land von Innerösterreich konnte sich so alter reicher Klosterstiftungen rühmen als Kärnten. Die berühmtesten waren die Benedictinerstifter: [2]) Millstatt, gegründet vor 1088, im 15. Jahrhundert Eigenthum des Georgsordens, im 16. Jahrhundert der Jesuiten, seit 1773 Eigenthum des Studienfondes; Ossiach am See, gegründet vor 1026, Arnoldstein in Oberkärnten gestiftet 1107 vom Bischof von Bamberg Otto Graf von Andechs, und St. Paul, gestiftet in der Zeit von 1085—1093 durch Graf Engelbert von Sponheim, reizend gelegen auf einem Hügel im unteren Lavantthal, auf allen Blättern der Landesgeschichte genannt, eine Stätte des echt christlichen, gelehrten und künstlerischen Mönchsthums.

---

[1]) C. A.
[2]) Ankershofen, Gesch. v. Kärnten II., 543, 544, 876 ff.

Die Wirthschaft dieser Klöster war jedoch im 18. Jahrhundert so verfallen, daß sie sich ohne große financielle Opfer
nicht erhalten konnten und ihre Aufhebung mehr als ein Act
der Nothwendigkeit als der Willkür erschien [1]). Das Chorherrenstift zu St. Andrä war wegen Schulden und rückständiger
Steuern in Sequester; der Stiftspropst hatte die Pfarre übernommen und die Chorherren waren auf den täglichen Unterhalt für 40 kr. angewiesen [2]). Ossiach war seit 1778 in den
Händen der Gläubiger und St. Paul konnte die Interessen
seiner Schulden nicht zahlen.

3. Das Benedictinerstift Ossiach wurde am 1. März
1783 aufgelassen [3]). Noch 1770 war das Stift in guten Verhältnissen, aber unter dem letzten Abt war das Vermögen durch
schlechte Wirthschaft, Bauten und Schenkungen so verschuldet
worden, daß die Gläubiger es mit Beschlag belegten. Die
Regierung ließ 1780 den Stand des Vermögens durch den
Landrath Gottlieb Karl von Ankershofen im Einverständniß mit
dem Generalvicar von Salzburg, dem Bischof von Lavant unter-
suchen. Nach den Verzeichnissen von 1753 und 1770 ergab sich
ein Activstand von 251.206 fl., aber eine Schuldenlast von
201.977 fl., also nur ein Reinvermögen von 49.229 fl. mit
1968 fl. Interessen [4]).

1783 nahm der Aufhebungscommissär Freiherr v. Schlan-
genberg abermals ein Inventar auf; er verzeichnete einen Activstand 289.957 fl. und eine Schuldenlast von mehr als 200.000 fl.,
welche er nicht genau bestimmen konnte, weil das Vermögen
von den Gläubigern verwaltet wurde [5]). Im Einzelnen sind genannt: Bargeld 2943 fl., Stiftungscapitalien 8305 fl., Unter-

---

[1]) Hermann Gesch. v. Kärnten III, 40.
[2]) C. A. Protokoll 1782.
[3]) Befehl der Hofkanzlei vom 3. December 1782.
[4]) C. A. Fasc. 241.
[5]) Inventar vom 28. März 1783. C. A. Fasc. 46.

thansausstände 17.591 fl., Silber und Pretiosen 575 fl.,
Getreidevorrath 1048 fl., Vieh 729 fl., verschiedene Vorräthe
2676 fl. Mobilien und andere Geräthschaften 1865 fl., Häuser
Gebäude und Gärten 5395 fl., unter diesen das Stift und
Conventhaus in Ossiach 2300 fl. und das Meierhaus 1000 fl.
geschätzt; ein Haus in Klagenfurt war bereits um 3500 fl.
verkauft. Das Stift besaß ein Hammerwerk in der Buchscheiden
im Werth von 13.800 fl., drei große schöne Güter: Ossiach
und Thauern mit 209, Pregard mit 80 Unterthanen, Wern=
berg im Werthe von 44.594 fl.; ferner die Aemter St. Ulrich,
Poitschach, Talientschigg, Wittin und Rosenthal mit 196 Unter=
thanen. Der Werth der Güter und Häuser wurde auf 257.132 fl.
geschätzt. Von den Pretiosen scheinen seit 1753 einige verkauft
worden zu sein; damals waren noch verzeichnet ein Pectorale mit
Smaragden, eines mit Diamanten, ein Diamantring, 8 Kelche,
eine Monstranze, silberne Rauchfässer, Paten, Pontifical und
Evangelienbücher in Sammt gebunden und mit Silber beschla=
gen, in Silber gestickte Handschuhe, Ornate und 42 brauchbare
Meßgewänder, Silbergeschirr in den Schlössern, jedenfalls mehr
als 575 fl. im Werthe. Die wenigen Bücher kamen in die
Studienbibliothek nach Klagenfurt, die Originalstiftbriefe und
Schenkungsbriefe an den Bischof von Lavant, die Privilegien
und andere Archivalien an die Landesstelle.

Zum Stift gehörten 24 Mönche, nur 15 von ihnen waren,
wie der Commissär berichtet, „brauchbare Geistliche": 6 besorgten
die Seelsorge im Kloster, die anderen waren auf die Pfarren
vertheilt. Sie ließen sich säcularisiren, blieben als Pfarrer oder
lebten von ihrer Pension in der Stadt. Abt Roman ging mit
800 fl. Pension als Erzpriester nach Rosenthal. Ossiach hatte
5 Filialkirchen, die Pfarre St. Ulrich bei Feldkirchen mit 2
Filialen, die Pfarre St. Jakob im Oberrosenthal mit 8 Filialen
zu versehen. Die Kirchen behielten ihre Paramente, die Geist=
lichen wurden aus dem Religionsfond dotirt. Auch die Stift=
kirche sollte als Pfarrer bleiben, wurde aber später entweiht,

und das Kloster dem Militär überlassen, welches daselbst ein Gestüte einrichtete.

4. Das Benedictinerstift Arnoldstein wurde 1783 im December für erloschen erklärt. Die Regierung hatte die Aufhebung des Stiftes und die Vereinigung der Personen und des Vermögens mit St. Paul beantragt[1]). Der Kaiser entschied am 25. November 1783: „Ich beangenehme das Einrathen der Commission, jedoch sind jene Geistlichen, welche vermöge ihrer Unterschrift theils in der Seelsorge, theils bei Normalschulen verwendet sein wollen, wenn anders kein wichtiger Umstand waltet, zu belassen." Die Benedictiner baten von ihrem Gnaden-gehalte im Stift leben zu dürfen; man möge sie mit der Ver-setzung nach St. Paul verschonen und ihnen wenigstens die Säcularisation gestatten. In Folge dessen wurde ihnen freige-stellt, in ein anderes Benedictinerkloster oder in den Weltprie-sterstand einzutreten. Das Stiftvermögen in Arnoldstein belief sich auf 91.080 fl.

5. Das meiste Aufsehen machte aber die Aufhebung des Benedictinerstiftes St. Paul. Durch 700 Jahre hatte es alles Glück und Unglück des Landes mit erfahren, das Wohl und Wehe von Hunderten war an seine Existenz geknüpft. 1616 war das Stift beinahe ganz verarmt, hatte sich aber wieder er-holt. Sein Besitz war ein wahrhaft fürstlicher und doch war unter dem vorletzten Abt Anselm Pansancko (1748—1778) das Vermögen so herabgekommen, daß bei seinem Tode die Schul-denlast 567.060 fl. betrug. Man erzählte, daß er in den drei-ßig Jahren seiner Verwaltung am meisten bedacht gewesen sei, seine Familie auszustatten. Sein Nachfolger Abt Anselm von Edling hatte besser gewirthschaftet und 15.174 fl. Schulden gezahlt, aber es war nicht mehr möglich, die Interessen aufzu-bringen, die Gläubiger drängten, das öffentliche Vertrauen war

---

[1]) Antrag des Gouverneurs von Inneröfterreich vom 7. August, der geistlichen Hofcommission vom 22. November 1783. C. A.

gesunken. Auch im Unterrichte und in der Seelsorge konnte das
Stift nicht mehr das leisten, was man von ihm erwartete. So
rieth das innerösterreichische Gubernium zur Aufhebung und das
Hofkanzleidecret vom 7. October 1782 verkündete: „daß Seine
Majestät aus dem am 12. September 1782 eingesendeten Ver-
mögensausweise ersehen, daß dasselbe kaum ein Drittel seines
Vermögens unbelastet habe, daß die Schulden sich häufen und
sein Verfall unausbleiblich eintreten müsse; um diesem Unter-
gang zuvorzukommen, habe Seine Majestät die Aufhebung be-
schlossen und befohlen, die Geistlichen in andere Benedictiner-
klöster zu vertheilen."

Der landesfürstliche Commissär Adam Dionys von Gröller,
derselbe, welcher die Aufhebung von Maria Loretto geleitet
hatte, kam mit einem Actuar und mehreren Schätzleuten nach
St. Paul, versammelte Tags darauf am 4. November 1782
die Geistlichen im großen Abteizimmer, las die Decrete vor,
hielt eine kurze Ansprache, ließ sich den Manifestationseid leisten,
übernahm die Schlüssel und das Schuldbuch, und begann zu
verzeichnen, was an Geld, Pretiosen und Geräthe u. s. w. vorhanden war. Erst am 30. Jänner 1783 beendete er sein Geschäft
und reiste dann ab.

Im Kloster lebten der Abt Anselm von Edling, der Prior
Karlmann Kollmann und noch 25 Geistliche. Mit den Mönchen,
welche als Professoren, Seelsorger und Verwalter exponirt waren, gehörten zum Stift 60 Geistliche. Die 5 Novizen erhielten
ein für allemal 150 fl. und verließen in 4 Wochen das Kloster.
Den Mönchen war eine Frist von 5 Monaten gestattet, in
welchen sie auf den Unterhalt für das ausgesetzte Taggeld angewiesen waren. Während dieser Zeit, am 1. Jänner 1783,
richtete der Abt eine Vorstellung an die Regierung, unterschrieben
vom Prior und dem ganzen Convent[1]). Er bat darin um den
Fortbestand des Stiftes und besonders um Verschonung von der

---

[1]) Klagenfurt, R. A. Klosteracten.

Versetzung in andere Klöster; er berief sich darauf, daß das
Stift von seinem Vermögen noch ein Drittel besitze, daß die
Schulden in den letzten Jahren sich nicht vermehrt, sondern ver=
mindert hätten. Die Geistlichen wenden ein, daß sie sich in die
Eintheilung in andere Klöster nicht schicken könnten: „eben der
Ort, das Land, die Luft, die Gebräuche, kurz nur die indivi=
duellen Umstände von St. Paul waren die Triebfedern, uns
diesen Ort zu erwählen; wie wir auch in der Profession nichts
anderes schwuren als die Sittenveränderung nach der Regel
des h. Benedict und die Stabilität im Kloster St. Paul. Die
Beweggründe waren sicher ernstlich und überdacht, warum wir
nur in diesem Kloster unsere Freiheit hingaben. Wir sind über=
zeugt, daß die große Seele Joseph's, die alle Menschen glücklich
zu machen beschäftigt ist, unseren Wünschen gerne entsprechen
wird und daß es dem a. h. System eines sein würde, ob wir
mit einer Pension in andere Klöster hingegeben würden oder
mit der nämlichen unter der Direction unseres Ordinariats
zurückbleiben." Man sieht, der Abt nahm sich seines Stiftes an,
aber so einmüthig waren die Geistlichen nicht. Einige wünschten
die Säcularisation, im Stift herrschte Gährung und Unzufrieden=
heit. Der Abt selbst trug theilweise die Schuld daran, weil
er monatelang in Klagenfurt wohnte. Als er 1782 von der Re=
gierung eine Commission zur Untersuchung der Beschwerden
verlangt hatte, drückte ihm der Bischof von Lavant sein Miß=
fallen aus:[1] „Sie können die Ruhe und den Frieden im Stift
am besten durch Güte, Sanftmuth und ein aufrichtiges Ver=
fahren gegen Ihre geistlichen Söhne herstellen; — zeigen Sie
ihnen, was Sie gethan, wie Sie gewirthschaftet und Sie werden
sich Liebe, Hochachtung und Verehrung erwerben; — weltliche
Commissionen sind nie heilsam für die Klöster und meistens
verlieren diese dadurch ihren Credit."

---

[1] In einem Briefe vom 22. Jänner 1782. S. Neugart, hist. mo-
nasterii Ord. S. Ben. ad S. Paulum. Klagenfurt, 1848, 1854. 123, 124.

Das Inventar verzeichnete einen Activstand von 856.082 fl., einen Passivstand von 567.666 fl., also ein Reinvermögen von 288.416 fl. [1]): an Capitalien 38.780 fl., an Barschaft 10.519 fl., an Silber 4465, an Pretiosen 1173 fl., an Unterthansausständen 44.873 fl., an Wein= und Mostvorrath 14.253 fl., an Meier=hoffahrnissen in Kärnten und Steiermark 22.020 fl., an Ge=bäuden in Kärnten und Steiermark 32.230 fl., an liegenden Gütern 680.699 fl.

Die Mönche von S. Paul haben alles getreulich geoffen=bart, nicht so wie die Jesuiten in Millstatt, welche Gold, Silber und Schriften eingemauert hatten [2]). Unter den Pretiosen und Paramenten sind genannt: ein Pectorale mit Rauten 450 fl., eine goldene Kette 52 fl., ein Brillantring 170 fl., ein Pectorale mit Smaragden, Kette und Ring 206 fl., 26 Monstranzen und Kelche, aber wenig werthvolle, die theuerste mit 7 Granaten und vergoldet, ist auf 13 fl. angesetzt; ferner ein großes Crucifix zu 102 fl., eine Menge Ornate und Pon=tificalkleider u. a.

Die Bibliothek war sehr reich. Alle Bücher von S. Paul, Ossiach, Griffen, Victring, Arnoldstein kamen in die Studien=bibliothek nach Klagenfurt. Nichts wurde verschleudert, nichts unterschlagen. Das Archiv enthielt Urkunden privatrechtlicher Natur. Das Verzeichniß liegt vor. Vergebens sucht man darin nach Manuscripten wissenschaftlichen oder dichterischen Inhaltes aus dem Mittelalter. Von allen Manuscripten der kärntnerischen Benedictinerstifter hatte ein Todtenbuch des 12. Jahrhunderts aus Millstadt den größten historischen Werth.

Der Grundbesitz war ein kleines Fürstenthum. Das Stift besaß die Lavantmünder Alpen, die Herrschaften S. Paul und

---

[1]) Vom 2. Jänner 1783. R. A. Klagenfurt.
[2]) R. A. Klagenfurt: Herrschaft Millstatt.

Kolnitz im Lavantthal, geschätzt auf 67.134 fl., Unterdrauburg
54.137 fl., den Markt Lavamünd 33.021 fl., die Herrschaft
Möchling 37.780 fl., Lapfenthal 24.454 fl., das Gut Mosern
9182 fl., den Zoll zu Völkermarkt 620 fl., ein Kupferbergwerk
am Lambrechtsberg, Häuser in Völkermarkt und Klagenfurt;
in Steiermark die Herrschaft Fall 142.500 fl., Lembach 27.500 fl.,
Zellnitz und Lorenzen in der Wüste. Der Werth der liegenden
Güter betrug im Ganzen 680.699 fl.

Die Stiftungen und die Ausstattung in den Pfarren
waren in dem Inventar nicht verrechnet. Das Stift hatte näm=
lich außer der Stift= und Pfarrkirche mehrere Pfarren mit
Filialkirchen zu versehen: die Pfarre S. Erhart mit zwei Fi=
lialen, S. Joseph im Löschenthal, S. Martin im Granizthal
mit drei Filialen, unserer lieben Frau in Pustritz, S. Peter
und Paul in Möchling, S. Paul unter dem Hornberg und
S. Lorenzen in Steiermark.

Die Vorstellung des Abtes scheint doch Eindruck gemacht
zu haben. Die Regierung sistirte die Aufhebung und zeigte sich
ehrlich bemüht, dem Stift aufzuhelfen. Sie verwaltete das
Vermögen, vereinigte jenes von Arnoldstein damit, bezahlte
einige Schulden und bestritt alle Ausgaben. Mehrere Jahre
blieb dasselbe in der Schwebe. Noch 1786 kam der Befehl an
das Gubernium, daß S. Paul nicht aufzuheben, aber die Zahl
der Geistlichen von 60 auf 20 herabzusetzen sei [1]).

Aber der Ruin war nicht mehr aufzuhalten. 1786 betrug
das Vermögen von S. Paul und Arnoldstein 646.263 fl., die
Schuldenlast 470.316 fl.; zur Erhaltung des Stiftes wäre noch ein
Capital von 218.174 fl. nothwendig gewesen. Das Stift selbst
wünschte nun die Auflösung. Der Abt erklärte, daß er kaum
mehr als 12 Geistliche habe, die anderen seien bereits aus=
getreten, auf einen Nachwuchs sei nicht zu hoffen und die

---

[1]) 19. Mai 1786. R. A. Klagenfurt.

Gläubiger drängten derart, daß der Convent in immerwährender
Verlegenheit sei. So riethen denn das Gubernium und der
Bischof von Lavant zur Aufhebung, nur fügten sie die Bitte
bei, „damit Unterkärnten den Geldumlauf nicht verliere,“ nach
S. Paul eine Caserne und einige Truppen zu verlegen. Die
geistliche Hofcommission nahm den Antrag auf und der Kaiser
verfügte: „Ich beangenehme das Einrathen der Commission
und ist, wenn dieses Gebäu dem Militär nicht conveniren
sollte, dem gubernio in Ueberlegung zu geben, ob nicht etwa
selbes statt der zu einem Siechenhaus für die inneröster=
reichischen Lande vorgeschlagenen drei Oerter (als dem Pöllauer
Stiftgebäude oder einem der Frauenklöster Studenitz oder
Mährenberg) vorzuziehen wäre“ [1]).

Diese zweite Aufhebung wurde am 4. Mai 1787 voll=
zogen. Auch die letzten Mönche verließen nun das Kloster.
Einige gingen als Pfarrer in die Dörfer, 25 lebten als Welt=
priester und Beneficiaten von der Pension von 300 fl., der
Prior erhielt 400 fl., der Abt Anselm 1460 fl. Pension [2]); er
lebte anfangs als Pfarrer und Dechant in Wolfsberg, wurde
dann Domherr des Bisthums Leoben und starb in dem neuen
Bischofssitz Göß.

Die ersten Mönche in S. Paul waren aus Hirschau in
Schwaben gekommen; von Mönchen aus Schwaben wurde das
Stift wieder restaurirt. Als Oesterreich 1805 die Vorlande
verlor und das Benedictinerstift S. Blasien im Schwarzwalde
aufgehoben wurde, gab Kaiser Franz den heimatlosen Mönchen
ein Asyl zuerst zu Spital am Pirn im ehemaligen Chor=
herrnstifte und 1809 im Stift S. Paul. Sie erhielten die
eingezogenen Jesuitengüter Eberndorf und Pörtschach, und über=

---

[1]) 26. März 1787, C. A. 241. Die Acten über S. Paul sind in
Wien, Graz, Klagenfurt und füllen ganze Bände.

[2]) C. A. Fasc. 45.

nahmen dafür den Unterricht am Gymnasium und Lyceum in
Klagenfurt. Von dem alten Besitz kam nichts an das Neu-
klofter zurück, wohl aber wohnten die Mönche im alten Haufe
und beteten in der schönen romanischen Abteikirche. Berthold
Notter war 1809—1826 der erste Abt von neu S. Paul. —

# VI. Die kirchlichen Reformen 1783—1790.

Als die Regierung das Aufhebungsgesetz von 1782 er=
ließ, hatte sie keine Kenntniß weder von der Zahl noch von
dem Vermögen der Klöster, besonders der Frauenklöster. Die
Tabelle, welche Hofrath Heinke im December 1781 vorgelegt
hatte, beschrieb nur im Allgemeinen die Karthäuserklöster. In
Innerösterreich waren 22 Klöster, in Steiermark 10, in Kärn=
ten 5, in Krain 7, in ganz Oesterreich 61 Klöster, 11 Manns=
und 50 Frauenklöster aufgehoben worden. 1005 Nonnen, 211
Laienschwestern, 155 Mönche und 41 Laienbrüder wurden theils
vom Staate erhalten, theils in anderen Klöstern versorgt. Das
Ministerium und die Provincialregierungen waren überrascht
von der Leichtigkeit und Raschheit, mit welcher die Aufhebung
vollzogen wurde, und noch mehr von der Größe der Summen,
welche dem Religionsfonde zufloßen. 1782 betrug derselbe
7,833.759 fl. und 1783 nach dem Verkauf von Gütern, Prä=
tiosen u. a. 14,952.377 fl. [1]. Dazu kamen noch andere Zu=
flüsse: 1783 wurde das Vermögen der dritten Orden und der
Redemptionsfond, gestiftet um Christensclaven loszukaufen, mit
dem Religionsfond vereinigt; 1783 die Intercalareinkünfte aller
Pfründen; 1784 der Commissariatsfond der Franciscaner für
das heilige Land und die heiligen Orte; 1787 der Eremiten=
fond, der Ueberschuß der vom Staate verwalteten Klöster und

---

[1] Wien C. A.

das Gesammtvermögen der von 1783 bis 1789 aufgehobenen Klöster. Die Güter der Exjesuiten und der 1782 aufgehobenen Klöster waren in Steiermark auf 2,059.599 fl., in Kärnten auf 1,181.052 fl., in Krain auf 545.105 fl., im Ganzen auf 3,785.756 fl. geschätzt. Die Verwaltung führte „die Staats-güter-Administration" der Provinz unter der Controle des Guberniums und der Hoffammer. Es wurden fünf solche Staatsgüter-Administrationen eingerichtet: in Böhmen, Mäh-ren, Galizien, im Lande ob der Enns und in Inneröfterreich. Die Administratoren erhielten den Auftrag, über jedes Gut eine politische und ökonomische Beschreibung auszuarbeiten, und da-bei die Güter der Exjesuiten, welche dem Studienfond gehörten, und die Güter des Religionsfondes zu trennen. Daran schloß sich eine Reihe von Verordnungen über die Verwaltung, Justiz-pflege und Localpolizei auf diesen Gütern. Von 1785 an war diese Verwaltung strenge geordnet [1]). Als jedoch die „Pfarr-eintheilung" durchgeführt, neue Seelsorgestationen geschaffen, Pfarrer und Kirchen dotirt wurden, reichte das Einkommen des Religionsfondes nicht mehr aus und die Klosteraufhebung wurde fortgesetzt. In der Instruction für die geistlichen Com-missionen war bereits dafür vorgesehen.

Als die wichtigsten Reformen auf dem kirchlich-politischen Gebiete von 1783 bis 1790 kann man bezeichnen: Die Ab-grenzung der bischöflichen Diöcesen, die Errichtung von Ge-neralseminarien, die Verordnungen für den äußeren Gottes-dienst, die Eintheilung der Pfarren und die weitere Aufhebung von Stiftern und Klöstern.

Nach dem Willen des Kaisers sollten alle ausländischen Ordinariate abgeschafft werden und künftig nur österreichische

---

[1]) Hofdecret an das inneröfterr. Gubernium 18. April 1785. „Das System ist festgesetzt, nach welchem die landesfürstlichen oder doch in landesfürstlicher Obforge stehenden Herrschaften und Güter verwaltet wer-den sollen". Graz, St. A.

Bischöfe, wo möglich in jeder Provinz ein Erzbischof mit meh=
reren Suffraganbischöfen die kirchliche Verwaltung leiten. Für
Innerösterreich wurde ein Erzbisthum mit fünf Suffraganen
in Aussicht gestellt [1]). In Görz sollte nur ein Bischof bleiben,
das Erzbisthum von Görz nach Graz übertragen, in Leoben
ein neues Bisthum errichtet werden. Als der Kaiser 1784 auf
der Rückreise aus Italien in Graz verweilte, sprach er sich
neuerdings für ein Erzbisthum von Innerösterreich aus [2]). Für
die Abgrenzung der Bisthümer sollte nicht die kirchliche Ein=
theilung nach Decanaten, sondern die politische nach Kreisen
zur Grundlage dienen. Dem Bisthum Graz wurde die östliche
Steiermark, dem Bisthum Leoben Obersteiermark mit dem
Judenburger und Brucker Kreis, dem Bisthum Lavant der
südliche Theil von Steiermark und das östliche Kärnten mit
sechs Decanaten [3]), dem Bisthum Gurk ganz Kärnten, mit
Ausnahme dieser sechs Decanate, dem Bisthum Laibach ganz
Krain, dem Bisthum Görz Gradisca, Triest, Görz und Pe=
dina zugewiesen. Auch die Bischöfe waren bereits genannt:
als Erzbischof von Graz sollte der Bischof von Seckau, Graf
Joseph Adam von Arco, eintreten. Ein Jahr später wurde
Laibach als Mittelpunkt des Erzbisthums für Innerösterreich
gewählt und der Bischof von Laibach, Graf Joseph Herberstein
dafür ausersehen. Für Leoben, mit dem Sitz zu Göß, wurde
ernannt Graf Alexander Engel, früher Pfarrer und Dechant
zu Enns, für Gurk der Uditore di Rota Graf Salm, für
Lavant blieb Graf Vincenz Joseph Schrottenbach, Bischof seit
1777. Der Erzbischof von Görz, Graf Edling, der sich der Re=
gierung nicht fügen wollte, mußte abdanken und statt seiner

---

[1]) Die Hofkanzlei an das innerösterr. Gubernium, 20. November
1783. Graz, St. A.

[2]) Kaiserl. Handbillet vom 28. März 1784. St. A.

[3]) Völkermarkt, S. Andrä, Wolfsberg, Bleiburg, Eberndorf und
S. Leonhard. Sie entsprachen dem Kreise Völkermarkt in Kärnten.

wurde der Bischof von Triest, Graf Inzaghi als Bischof von
Görz ernannt., Die meisten dieser Bischöfe waren der Regierung unbedingt ergeben und empfahlen die Josephinischen Reformen in ihren Hirtenbriefen. Der Bischof von Laibach hatte
in seinem Hirtenbriefe diese Reformen besonders gebilligt und
die weltlichen und kirchlichen Rechte im Sinne seiner Zeit erörtert, so daß ihn der Papst in einem eigenen Breve darüber
zurechtwies.

Die Ausführung der Diöcesaneintheilung stieß aber nach
allen Seiten hin auf Schwierigkeit. Die Bischöfe von Gurk
und Lavant waren mit der Abgrenzung nicht zufrieden, der
von Gurk wollte in Klagenfurt residiren, was ihm erst 1787
bewilligt wurde. Der Erzbischof von Salzburg protestirte gegen
die Schädigung seiner uralten Metropolitanrechte; es kam zu
langen Streitigkeiten, welche erst in dem Vergleiche vom 19.
April 1786 ausgetragen wurden. Der Erzbischof von Salzburg
entsagte darin zu Gunsten der Bischöfe aller seiner Ordinariats-
rechte, der Herren- und Patronatsrechte für alle Pfarren in
Innerösterreich und behielt sich nur die Metropolitanrechte über
die Bischöfe vor. Nur der Bischof von Leoben sollte vom
Kaiser ernannt werden, jener von Gurk bei der ersten und
zweiten Erledigung vom Kaiser, bei der dritten vom Erzbischof.
Die uralte christliche Gemeinschaft, welche seit der Völkerwan-
derung her zwischen Salzburg und Innerösterreich bestand, war
damit gelöst.

Noch größere Schwierigkeiten fand die neue Diöcesaneintheilung in Rom, ungeachtet der Cardinal Hrczan sich alle
Mühe gab, die Verfügungen der weltlichen Gewalt zu rechtfertigen. Er setzte es durch, daß Graf Edling, der nach Rom
gegangen war um zu protestiren, 1784 auf das Erzbisthum in
Görz verzichtete, aber der Papst sprach sich entschieden gegen
Herberstein als Erzbischof von Laibach aus, „als einen Mann,
der von der gesunden Lehre abgefallen sei und in seinem Hirtenbriefe Irrsätze gelehrt habe". Erst nach Herberstein's Tod an-

erkannte der Papst 1787 und 1788 die neue Eintheilung der Bisthümer, aber die Frage wegen eines Erzbisthums in Inner- österreich wurde nicht gelöst, und es kam weder in Laibach noch in Graz zu einem Erzbisthume, so sehr auch Kaiser Joseph dafür eingenommen war; nur das Bisthum Seckau wurde nach Graz übertragen.

Um dem Mangel an Seelsorgern zu steuern und einen Nachwuchs von Geistlichen im Josephinischen Sinne zu erhalten, richtete die Regierung 1783 in jeder Provinz ein General- seminar ein. Das Seminar in Graz sollte die Pflanzschule für die Geistlichkeit von Innerösterreich werden. Es wurde dotirt mit den Einkünften der früheren Priesterhäuser in Graz, Laibach und Görz. Die Bischöfe und Klöster wurden ver- pflichtet, ihre Alumnen an die Universität zu schicken, sie er- hielten dafür Stipendien aus dem Religionsfond. Wer nicht den theologischen Curs an der Universität durchgemacht und im Kirchenrechte wenigstens die erste Classe erhalten hatte, konnte nicht zum Priester geweiht werden. Auch die jüngeren Klostergeistlichen mußten sich der Prüfung unterziehen; wer nicht wenigstens die erste Classe erhielt, sollte, wenn er nicht bereits die höheren Weihen empfangen, aus dem Orden ent- lassen werden. Künftig sollen nur geprüfte Geistliche als Pfarrer angestellt werden; eine Concursprüfung mit der ersten Classe genügte zur Bewerbung für alle Pfarren der Diöcese. Die Meßpriester, welche sich nach Art der französischen Abbé's in den Hauptstädten herumtrieben, wurden abgeschafft. Auch Klo- stergeistliche können als Hilfspriester oder Cooperatoren ver- wendet werden. Die Pfarrer, welche ihre Kapläne selbst zahlen, können dafür Welt- oder Klostergeistliche wählen [1]. Auch Ex- jesuiten können, wenn sie nicht als Professoren thätig sind, bei den Pfarren angestellt werden. Nur muß sie der

---

[1] Protokoll von 1783. Die Hofkanzlei an das innerösterr. Gubernium 19. April 1782, 9. 14. Februar, 27. Juni 1784, 28. Juni 1785. Graz St. A.

Ordinarius einer Prüfung unterziehen. In der Seckauer Diöcese
waren bereits einige Exjesuiten in der Seelsorge, im Lavanter
Sprengel gab es keine; der Bischof von Laibach berichtete,
daß die drei Exjesuiten seiner Diöcese wegen hohen Alters zur
Seelsorge untauglich seien; in Görz wurden zwei Exjesuiten
geprüft und angestellt. Im Salzburger Sprengel in Kärnten
lebten 31 Exjesuiten, nur wenige waren zur Seelsorge tauglich;
einige waren im Lehramt, drei standen als Hofkaplan, Beichtvater und Prediger im Dienst der Äbtissin Erzherzogin Ma-
rianne in Klagenfurt.

Die geistliche Hofcommission entfaltete in jenen Jahren
eine vielseitige Thätigkeit. In ihren Wirkungskreis sollte alles
gehören, was nicht die Glaubenslehre, die Spendung der Sacramente und die innere Disciplin der Geistlichen betrifft. Hie
und da griff sie rücksichtslos auch in die sacra interna der
Kirche ein. Eine Reihe von Verordnungen über den äußeren
Gottesdienst stammt aus jenen Jahren, so die Gottesdienstordnung mit ihren Vorschriften über Zahl und Dauer der
Messen, über Altargebräuche, Kirchenmusik, Litaneien u. a. Die
Verfertigung und Austheilung von Amuleten, das Berühren
der Bilder, Rosenkränze, Pfennige, das Beleuchten und Küssen
der Reliquien u. a. wurde verboten; ebenso die Aussetzung von
Reliquien, mit welchen ein auffallender Prunk getrieben wird,
besonders über dem Hochwürdigsten oder an dessen Stelle in
der Mitte des Altars. „Ueberhaupt sollen diese Aussetzungen,
wodurch das an das Sinnliche gewöhnte Volk von der An-
betung Gottes leicht zur Verehrung der Heiligen hingeleitet
wird, beschränkt werden." Die Ausführung wird der Klugheit
der Ordinarien überlassen. Der Klingebeutel darf nur vor der
Predigt, nicht während des Amtes oder der Messe herumgehen.
Das „Opfergehen" ist nur am Sonntag vor dem Hochamt,
um die Andacht nicht zu stören, gestattet. Die Opfer dürfen
nur in Geld, nicht in Naturalien und nicht in die Wohnung
des Seelsorgers oder Meßners gebracht werden; die Opfer-

gänge bei Taufen, Trauungen und Begräbnissen hören auf, in
jeder Kirche darf nur ein Opferstock für die Armen bleiben.
Das Innere der Gotteshäuser ist von allen unnöthigen Ver=
zierungen zu reinigen; die vielen Seitenaltäre, die Votivtafeln
sind zu entfernen, nur die Namen der Geber sind auf einer
Tafel zu verzeichnen; auch die überflüßigen Statuen und
Lampen sollen beseitigt, nur ein „ewiges Licht" in der Kirche
gelassen werden [1]). Die Regierung übte, wie man sieht, das
Amt einer Kirchenpolizei. Sie hatte keine Ahnung, wie tief
manche Gebräuche und mancher Aberglauben mit allen Wur=
zeln und Fasern des Volkslebens verwachsen war. So erregten
denn manche Verordnungen allgemeines Aergerniß, besonders
das Verbot der Mette in der Christnacht, des Beleuchtens der
heiligen Gräber, das Wegschaffen von Heiligenbildern und Ent=
kleiden der Marienstatuen. Die letzteren waren häufig Holz=
schnitzwerke aus dem 13. oder 14. Jahrhundert, selten von
künstlerischem Werthe; hie und da war das „Madonnenbild"
ein Gestelle von Draht mit Kleidern und Schmuck behängt,
aus dem nur Kopf und Hände aus Holz geschnitzt hervor=
schauten. Aber das Volk hing daran, ein solches Madonnenbild
war häufig eine Einkommensquelle nicht blos für den Pfarrer,
sondern ebenso für die Gemeinde. Als die Marienstatue zu
Maria Dorn in Kärnten entkleidet werden sollte, bewaffnete
sich die Gemeinde und vertrieb die Commissäre, die Regierung
nahm auch das Verbot zurück und gestattete diese Marien=
statuen, wenn sie anständig bekleidet werden [2]). Die meisten
dieser polizeilichen Verordnungen wurden gar nicht ausgeführt,
besonders an Orten, welche sich dem Auge der Regierung ent=
zogen. Die Gottesdienstordnung fand überall Widerstand und

---

[1]) Die Hofkanzlei an das innerösterr. Gubernium 21. April 1783,
28. April, 19. Mai 1784, 7. Jänner, 24. Juni 1785. St. A. Graz,
Klagenfurt.

[2]) 29. April, 10. September 1784. Klagenfurt. R. A.

die Regierung von Innerösterreich fand es für gut, nach dem
Tode des Kaisers die Ausführung derselben für „aufschiebbar"
zu erklären.

Dagegen hat die neue „Pfarreintheilung" die Josephinische
Regierung überdauert und ist noch heutzutage die Grundlage
der Kirchenform. Eine Neuerung in dieser Beziehung war un=
abweisbares Bedürfniß. Seit Jahrhunderten bestanden die
Pfarren an den alten Orten; viele hatten eine übermäßige
Ausdehnung, es gab Pfarren mit 10 bis 20 Filialen. So
hatte z. B. die Pfarre S. Andrä im Lavantthal 10 Filialen,
die Pfarre S. Daniel alle Filialen im Lessachthale und die
meisten im oberen Gailthale. Neue Verkehrswege, neue Dörfer
und Märkte waren entstanden, sie bedurften der Seelsorge.
Die Theresianische Regierung hatte 1759 eine Aenderung ver=
sucht, sie aber wegen der Opposition der Geistlichkeit wieder
fallen lassen. Die Josephinische Regierung griff die Reform
wieder auf, und es ist ein wesentliches Verdienst der geistlichen
Hofcommission, dieselbe durchgeführt zu haben. Bereits 1782
erging der Befehl an die Länderstellen, die Orte, Dörfer und
Gegenden anzuzeigen, wo die Errichtung neuer Pfarren oder
einer Localie wegen der Seelenzahl oder Entfernung der Pfarr=
kirche nothwendig sei; die Gemeinden, welche um neue Pfarren
eingekommen sind, namhaft zu machen, die bereits bestehenden
Kirchen und Kapellen zu verzeichnen; die Ordinarien haben zu
berichten, auf wie viel Seelen ein Geistlicher zu rechnen sei,
wie viel Kirchen offen zu lassen, wie der Gottesdienst und die
Messe zu bestimmen, wie die gestifteten Messen zur Dotirung
der Localkaplaneien zu verwenden sind [1]). Als die Bischöfe die
Regulirung hinausschoben und früher eine Anzeige der Kreis=
ämter, Dominien oder Magistrate wünschten, gab die Regie=
rung ein eigenes Formular heraus, in welchem die Namen der

---

[1]) 4. Februar 1782. C. A.

Pfarren und Ortschaften, die Entfernung, die Zahl der Familien und Seelen verzeichnet werden sollten [1]). Der Bischof von Gurk erhielt den Auftrag als landesfürstlicher Commissär die neue Eintheilung der Pfarrsprengel für ganz Innerösterreich aus= zuarbeiten. Die Ausführung der Reform dauerte Jahre lang. Neue Kirchen wurden gebaut, Pfarrer und Hilfspriester dotirt, die Paramente der aufgehobenen Klöster den Ordinarien zur Vertheilung an die neuen Pfarren überlassen. Die Depositorien in den Provinzialhauptstädten, wo die Pretiosen der aufgehobe= nen Klöster hinterlegt waren, mußten bis 1. Februar 1787 geräumt werden [2]).

Die Pfarreintheilung hing mit der Klosterfrage zusam= men. Sie veranlaßte die Regierung, die Zahl der Klostergeist= lichen zu reduciren und weiter eine Reihe von Klöstern auf= zuheben. Die Filialcommmissionen wurden angewiesen, den Ueberschuß der vermöglichen Stifter und Klöster, sowie einen Theil der gestifteten Messen auf gering dotirte Pfarren zu übertragen. In jedem Bezirk, in jeder Stadt soll nur ein oder das andere Stift oder Kloster bleiben, die Mönche der anderen Klöster sollen damit vereinigt werden. Die Bettelorden dürfen keine Novizen mehr aufnehmen. Jene Stifter und Klöster, welche über 30 Geistliche zählen, sind auf die Hälfte, welche weniger als 30 haben, auf zwei Drittel herabzusetzen, welche weniger als 20 zählen, sind gänzlich aufzuheben, ihre Mönche in andere Klöster zu schicken oder für Pfarrer und Localkapläne zu verwenden. Das Sammeln und Betteln der Mönche ist verboten, insbesondere den Augustinern, Dominicanern, Fran= ciscanern, Capuzinern, Karmelitern, Minoriten, Paulinern, Serviten und Trinitariern [3]). Wenn ihre Klöster aufgehoben

---

[1]) 9. April 1782.
[2]) An das innerösterr. Gubernium 19. December 1786. Graz. St. A.
[3]) An das innerösterr. Guberninm 16. August, 1. November 1783. Graz, St. A.

werden, sorgt der Religionsfond für den Unterhalt der Mönche.
Ein Gesetz von 1784 schrieb eine neue Wahlordnung vor:
Die Wahl des Priors oder Guardians findet unter der Leitung des zweiten Vorstandes, Superiors oder Vicars statt
und steht allen Professen zu; der Provincial hat nur das Recht
zu bestätigen oder für unfähig zu erklären: der Prior wird für
drei, der Provincial für sechs Jahre gewählt; der Gewählte
ist dem Bischof anzuzeigen; die Ordensprovinzen sind nach
den Landesgrenzen auszuzeichnen; die Ordenscapitel hören auf.
Nur den Franciscanern wurde 1789 erlaubt, ein Generalcapitel
zu halten. Das Klostervermögen wurde einer noch größeren
Beschränkung als früher unterworfen: Klostergut darf ohne
landesfürstliche Bewilligung von der Kirche nicht verkauft werden; die Klöster sind erbsunfähig; ein Novize darf nicht mehr
als 1500 fl. dem Kloster mitbringen [1]). In den Stiftern werden statt der Aebte und Pröpste Commendatäräbte [2]), meist Welt-
geistliche eingesetzt, welche das Vermögen verwalten; die Klosterzucht aufrecht zu erhalten, ist Pflicht des Superiors.

Die religiösen Bruderschaften wurden 1783 aufgehoben
und ihr Vermögen zur Hälfte den Armeninstituten, zur Hälfte
den Volksschulen zugewendet. Dasselbe war nicht unbeträcht-
lich, es betrug 688.248 fl. Eine Menge solcher frommen Ver-
eine war den Klöstern affiliirt; man zählte in Oesterreich 642,
in Wien allein 121 Bruderschaften [3]).

Die ersten Klöster, welche dem Gesetz verfielen, waren
jene der Trinitarier und zwar der unbeschuhten Trinitarier,
welche ein berühmter Eiferer, Johann Baptista de la Concep-
cion 1596 in Spanien nach dem Muster der Karmeliterbarfüßer
gegründet und Kaiser Leopold I. zuerst in Wien eingeführt

---

[1]) 5. October 1782, 24. Jänner 1785. St. A.

[2]) Es gab im Mittelalter solche Laienäbte, Pfründenäbte (abbates
commendatarii), welchen der Schutz des Klosters empfohlen war; sie
haben oft übel mit dem Klostergut gewirthschaftet.

[3]) Brunner, theologische Hofdienerschaft, 407, 411.

hatte. Seitdem hatten sie sich nach Böhmen, Ungarn und Galizien verbreitet. Das Volk nannte sie die „Weißspanier". Nach
der ursprünglichen Regel sollte der dritte Theil des Ordens-
einkommens zum Loskauf gefangener Christensclaven verwendet
werden, eine Bestimmung, die sich im 18. Jahrhundert über-
lebt hatte ¹). Bei einer Untersuchung im Trinitarierkloster in
Wien fand man die Rechnungen der Loskaufs- oder Redemp-
tionsgelder gänzlich in Unordnung. Auch zeigten drei Geistliche
des Trinitarierklosters in Lemberg der Regierung an, daß ihre
Ordensoberen dem weltlichen Gesetze entgegen willkürlich mit
dem Vermögen gebahrten und Gelder in's Ausland schickten.
Dies veranlaßte den Kaiser, „weil der Orden überhaupt in
heutigen Zeiten und Umständen von keinem Nutzen mehr sein
könne," die Trinitarierklöster aufzuheben und ihr Vermögen
zum Religionsfond zu ziehen; zugleich wurde erklärt, daß dieses
Vermögen auch ferner zum Loskauf österreichischer Unterthanen,
welche, ohne ausgewandert zu sein, in die Sclaverei gefallen
sind, verwendet werden soll ²). Die widerspenstigen Ordensoberen in Galizien wurden für einige Zeit eingesperrt und dann
ausgewiesen; jeder der drei Geistlichen erhielt eine doppelte Pension, weil sie ihre Unterthanspflicht erfüllt hatten.

Entscheidend für die weitere Aufhebung von Klöstern
waren die Gesetze vom 18. Juni 1785 und vom 4. Jänner
1786. Das erste verfügte, nachdem der Bericht über die Pfarr-
einrichtung und Klosterregulirung geschlossen war, die Aufhebung aller Klöster, welche für die Seelsorge entbehrlich waren;
nur sollte, wie eine spätere Verordnung beifügte, damit „nicht
auf einmal, sondern nach und nach," vorgegangen werden. Das

---

¹) Die Trinitarier der Provinz S. Joseph in Oesterreich haben
mehrmals Verzeichnisse über den Loskauf von Christensclaven aus
türkischer Gefangenschaft veröffentlicht.
²) Hofdecret an das innerösterr. Gubernium, 21. November 1783.
St. A.

zweite Gesetz befahl die Aufhebung mehrerer vermöglicher
Klöster, weil der Religionsfond zur Dotirung der Pfarren und
Erhaltung der Mendicantenklöster nicht ausreichte.

Die meisten der von 1783—1790 aufgehobenen Klöster
gehörten den Bettlerorden an. Ihr Vermögen wurde nicht ein=
gezogen, sondern dem Ordensprovincial zur Vertheilung an
andere Klöster überlassen. Hie und da verlangten die Mönche
selbst die Auflösung. In Innerösterreich wurden aufgehoben
1784: die Klöster der Dominicanerinnen in Graz, der Mino=
riten in Villach und Wolfsberg, der Cistercienser in Sittich,
der beschuhten und unbeschuhten Augustiner in Laibach, der
Franciscaner in Görz und Zalkan. 1785: die Klöster der be=
schuhten Augustiner in Hohenmauten, der Minoriten in Win=
dischfeistritz, die Chorherrenstifter in Stainz, Rottenmann und
Pöllau, die Collegialstifter in Persez und Lovrana. 1786 wur=
den in Innerösterreich nicht weniger als 26 Klöster aufgehoben,
unter diesen die reichen angesehenen Stifter S. Lambrecht und
Neuberg in Steiermark, Victring und Griffen in Kärnten,
Landstraß in Krain; ferner die Klöster der Dominicaner in
Pettau, der Pauliner in Mariatrost, der Serviten in Thbein
und Luccau, der Franciscaner in Friedau, Feldbach, Klagen=
furt, Friesach und S. Veit, der Augustiner in Völkermarkt,
der Capuziner in Graz, Mureck, Pettau, Neustadtl, Klagen=
furt, Wolfsberg, Villach, der Hieronymiten in Weisach und
und Teichen und das Collegialstift S. Andrä in Kärnten. In
den letzten Jahren der Josephinischen Regierung wurden nur
noch drei Klöster aufgehoben; 1787 das der Dominicaner zu
Neukloster, der Augustiner Barfüßer in den Windischbüheln
und 1789 das der Karmeliterbarfüßer in Graz. —

# VII. Die Aufhebung der Klöster in Steiermark 1783—1790.

1. In Innerösterreich gab es nur ein Trinitarier= kloster in Graz. Dieses wurde am 5. December 1783 durch den Gubernialrath Graf Joseph Wurmbrand aufgehoben. Die fünf Mönche des Klosters und ein Laienbruder erklärten, in den weltlichen Stand treten zu wollen, sie warteten nicht ein= mal die fünf Monate Frist ab, sondern verließen das Haus schon am 10. Februar 1784.

Das Inventar verrechnete an unverbrieften Geldbeiträgen 20 fl., an eigenthümlichen Capitalien 6900 fl., an Stiftungs= capitalien 46.617 fl., wovon mehr als die Hälfte bei dem Mutter= hause in Wien angelegt war, an Silber und Pretiosen 1163 fl., an Geräthschaften 362 fl., an Wein und anderen Vorräthen 24 fl., an Realitäten 2061 fl., im Ganzen ein Activvermögen von 57.652 fl., an Passiven 111 fl., mithin ein Reinvermögen von 57.541 fl., wovon 49.886 fl. an das Cameralzahlamt abgeliefert wurden [1]).

Die Kirche wurde beibehalten. Was von Paramenten und Pretiosen für den Gottesdienst nothwendig war, blieb zu= rück; die Orgel kam in die Hofkirche in Graz. Das Haus und die Kirche wurden 1786 in eine Localkaplanei umgeändert, der Garten dem Kaplan überlassen.

---

[1]) Liquidationscommission, Graz, St. A.

Wolf. Aufhebung der Klöster.                                              8

2. Das Capuzinerkloster in Marburg wurde am
10. April 1784 aufgehoben, die Mönche in andere Klöster
verschickt. Der Commissär Graf Karl Gleispach, Kreishaupt=
mann in Marburg, verzeichnete ein Vermögen von 4375 fl.
Passiven waren keine, an barem Geld fanden sich 347 fl.; die
jährlich bestimmten Almosenbeiträge, wie Brotgeld, Fleischgeld,
welche von den Ständen und einzelnen adeligen Familien ge=
zahlt wurden, betrugen 1800 fl., die Stiftungscapitalien 1363 fl.
Was an Pretiosen, Victualien und Mobilien vorräthig war,
wurde nicht aufgezeichnet, sondern alles, auch das bare Geld
und die vasa sacra dem Ordensprovincial zur Vertheilung an
andere Capuzinerklöster überlassen. Ein Hofdecret bestimmte [1]),
daß von dem Vermögen der Capuzinerklöster nichts an den
Religionsfond gezogen, sondern der Capuzinerprovinz überlassen
werde; es werde eben nicht der ganze Orden, sondern nur das
eine oder andere Kloster aufgehoben und die Geistlichen ver=
theilt. Das verlassene Capuzinerkloster in Marburg wurde den
Minoriten eingeräumt, in deren Haus und Kirche sich eine
Militär=Oekonomiecommission einrichtete [2]).

3. Die Klöster der beschuhten und unbeschuhten Augusti=
ner, welche seit 1567 als Bettlerorden anerkannt waren, wur=
den in Innerösterreich sämmtlich aufgehoben, zuerst das der
beschuhten Augustiner zu S. Paul „an der Stiege" in
Graz am 13. April 1784. Darin lebten 24 Religiosen, ein
Prior, ein Superior, ein Professor am Lyceum, ferner ein
Organist, fünf Studenten, der Klosterbruder und Klosterkoch.
Sie wurden nach fünf Monaten in andere Klöster verschickt.
Der Commissär, Gubernialrath Johann von Buset, verrechnete
ein Activvermögen von 81.764 fl. und ein Reinvermögen von
78.169 fl. An bar Geld fanden sich vor 536 fl., in Obliga=

---

[1]) Vom 13. Juli 1784. St. A.
[2]) Decret vom 1. April 1784.

tionen ein Capital von 34.990 fl. [1]). Die Pretiosen kamen in
das allgemeine Depositorium.

4. Die Dominicanerinnen in Graz hatten seit
1313 ein Kloster außerhalb der Stadt und bewohnten erst
seit 1516 das ehemalige Franciscanerkloster auf dem Tummel=
platze. 1782 waren sie noch verschont geblieben, aber das Hof=
decret vom 30. Juni 1784 verfügte die Auflassung des Klo=
sters und die Umwandlung desselben in ein adeliges Damen=
stift, ähnlich dem zu Hall in Tirol [2]). Im Kloster waren 34
Chorfrauen und 8 Laienschwestern. Die 13 Chorfrauen bürger=
licher Herkunft und die Laienschwestern wurden mit 200 und
150 fl. pensionirt; die übrigen 21 Exnonnen blieben im Stift
und erhielten zu ihrer Pension noch einen Zuschuß von 100 fl.
Es wurde ihnen gestattet, Kostgängerinnen gegen ein Kostgeld
von 400 fl. aufzunehmen. Eine andere Verordnung dotirte
das Stift mit einem Capital von 250.000 fl. aus dem Reli=
gionsfond und bestimmte die Zahl der Stiftsdamen auf 18.
Zur Aufnahme ist die österreichische adelige Herkunft mit einer
Adelsprobe von zwei Ahnen des Herrn= oder Ritterstandes
nothwendig. Das Stift erhielt den Rang nach dem Savoyen'schen
Damenstift in Wien, die Ordenszeichen blieben [3]).

Der Gubernialrath Graf Johann Geisruck vollzog die
Aufhebung des Klosters am 1. Jänner 1785. Das Vermögen
betrug: an barem Geld 1473 fl., an eigenthümlichen Capitalien
203.212 fl., an Stiftungscapitalien 21.067 fl., an Gold,
Silber und Pretiosen 11.159 fl., an Vorräthen und Effecten
2272 fl., an Realitäten und liegenden Gütern, einigen Wein=

---

[1]) Liquidation von 1805. St. A. Die reichsten Augustinerklöster
waren zu S. Jacob in Wien mit 706.097 fl. und zu S. Wenzel in Prag
mit 135.258 fl. C. A.

[2]) Kaiserl. Handbillet vom 28. März 1784.

[3]) Decrete vom 30. Juni, 23. August, 28. October 1784. Graz,
St. A.

gärten, Zehenten und einer Wiese, die verkauft wurden, 5645 fl.
Im Ganzen war ein Activstand von 244.830 fl. und nach Abzug
der Passiven von 1827 fl. ein Nettostand von 244.544 fl.
Durch den Verkauf eines Theiles der Klostergebäude stieg dasselbe auf 254.572 fl. Da für das Damenstift das Capital von
250.000 fl. sichergestellt wurde, so blieben dem Religionsfonde
für geistliche Zwecke noch 4572 fl. Die Kirchenparamente und
Geräthschaften wurden im Damenstift zurückgelassen, so zwei
Ornate zu 50 und 80 fl., eine Monstranze zu 722 fl. [1]).

5. Zu den ältesten Stiftern in Oesterreich gehörten jene
der regulirten Augustiner Chorherren, sogenannt zum
Unterschiede von den Augustiner Eremiten. In Innerösterreich
bestanden vier solche Stifter: Vorau seit 1263, Stainz seit
1229, Rottenmann seit 1455 und Pöllau seit 1504. Die letzteren drei wurden 1785 aufgehoben und ihr Vermögen mit dem
Religionsfond vereinigt.

Das Stift Stainz war mehrmals umgebaut, das
Klostergebäude zuletzt 1689, die Kirche 1722. Sie lagen auf
einer sanften Anhöhe bei dem Marktflecken Stainz; ein be-
quemer Fahrweg und eine breite offene Stiege führten hinan.
Die Aussicht war wohlthuend, der Boden fruchtbar, Luft und
Wasser vortrefflich. Im Stift lebten der Abt und 26 Canoniker
mit einem Troß von Dienern und Beamten.

Der Grazer Kreishauptmann, der oft genannte Graf
Wolf Stubenberg, erhielt den Auftrag [2]), nach Stainz zu reisen,
das Vermögen des Stiftes zu revidiren und zu verzeichnen, die
Beamten in Eid und Pflicht zu nehmen, die Geistlichen von
der Verwaltung zu entfernen und das ganze Stift mit Sequester zu belegen. Stubenberg reiste am 18. Mai mit dem Rait-
officier Uselmann nach Stainz und vollzog seinen Auftrag.
Vom Tag des Sequesters an erhielt jeder Geistliche 40 kr.

---

[1]) Liquidation von 1805. Graz, St. A.
[2]) Verordnung des Guberniums, 7. Mai 1785. St. A.

der Dechant 1 fl. zum täglichen Unterhalt. Erst nachdem die
Aufnahme des Vermögens vollendet war, wurde den Geist=
lichen die Aufhebung am 9. Juli 1785 angekündigt, die meisten
ließen sich säcularisiren und lebten von ihrer Pension. Seit
der Stiftung durch die Herren von Wildon waren dem Stift
35 Pröpste vorgestanden.

Das Stift war eines der reichsten in ganz Oesterreich.
Es besaß die Herrschaft Herbersdorf mit der Pfarre S. Ste=
phan, 401.431 fl. im Werth, die Herrschaft Lankowitz und
Leonrod 92.500 fl. im Werth, die Herrschaft Hornegg und
S. Joseph oder Rohrbach auf 190.000 fl. geschätzt. Die lie=
genden Güter hatten einen Werth von 690.731 fl. Dazu kamen
Weingärten in Luttenberg, Radkersburg und Marburg, ein
Haus in Graz, der „Stainzerhof" genannt, 5000 fl. im Werth,
das Schloß in Herbersdorf auf 500 fl., das Stiftsgebäude
auf 5000 fl. veranschlagt.

An barem Geld wurden verzeichnet 2297 fl., an Obliga=
tionen 39.774 fl., an Unterthansausständen 19.441 fl., an
Silber und Pretiosen 2744 fl., an Getreide 1256 fl., an
Wein und Fässern 8690 fl., an Vieh 3397 fl., an Natural=
vorräthen 525 fl., an Mobilien und Effecten 3412 fl., an
Geräthschaften in den Weinbergen 1636 fl. Das Activvermögen
betrug 784.387 fl., der Passivstand 74.600 fl., das Rein=
vermögen 709.787 fl., durch kleine Verkäufe wurde dasselbe
auf 716.463 fl. gebracht [1]).

Die Bibliothek, welche der Dechant Georg Anton Beck
in Verwahrung übernommen hatte, war in vollständiger Un=
ordnung. Die Bücher waren durcheinander aufgestellt, von den
besseren Werken fehlten einzelne Bände, es gab keinen Katalog,
sondern nur ein unverläßliches Repertorium. Außer einigen
Urbaren, Confirmationsbriefen u. dgl. fanden sich keine Ma=

---

[1]) Inventar von Stainz. C. A. Fascikel 175. Liquidation 1805.

nuscripte vor. Das Münzcabinet bestand aus einigen Ab=
drücken von alten Münzen aus Zinn, mit Malergold ver=
goldet.

Die Kirche blieb Pfarr= und Dechanteikirche und behielt
die nothwendigen Paramente und Pretiosen. Stainz wurde eine
Staatsherrschaft, das Stiftgebäude theils für die Beamten,
theils als Caserne verwendet. Es verfiel allmälich, der Garten
veröbete. 1802 wurde ein Theil der Güter um 107.796 fl.
verkauft; den Rest kaufte 1841 der Erzherzog Johann und
richtete das ehemalige Stift zu einem stattlichen Edelsitze ein.

6. Das Chorherrenstift Rottenmann war eine Stif=
tung Kaiser Friedrichs III. und wurde am 15. Juli 1785 durch
den Kreishauptmann von Judenburg, Paul Purgstaller auf=
gehoben[1]). Der Dechant Franz Ortner und 6 Stiftgeistliche
blieben fünf Monate im Haus und wurden dann pensionirt,
der Dechant mit 600, der Pfarrer mit 400, die anderen mit
300 fl.

Nach dem Inventar betrug der Activstand des Vermö=
gens 150.333 fl., der Passivstand 706 fl., das Reinvermögen
159.626 fl.[1]). Den größten Werth hatte die Herrschaft Rot=
tenmann. Auch das Vermögen der zum Stift gehörenden
Pfarrkirchen war mit eingerechnet, so jenes der Pfarre Lietzen
mit 3894 fl., der Pfarre in Irdning mit 2408 fl., der Pfarre
zu Lassing mit 128 fl.

7. Schloß und Herrschaft Pöllau gehörten im 14. Jahr=
hundert den Grafen von Cilli, später den Herren von Neh=
perg. Der letzte dieses Geschlechtes, Hanns von Nehperg, be=
stimmte in seinem Testamente 1482 das Schloß Pöllau zu
einem Stift für 24 Augustiner=Chorherren und vermachte ihm
die Herrschaft Pöllau mit allen Dörfern, Zehenten und Aemtern.

-----

[1]) St. A. Graz. Nach der Liquidation 1805 ein Reinvermögen von
149.141 fl.

Kaiser Friedrich III. zog das Gut ein, überließ es aber doch wieder den Chorherren und 1504 wurde der erste Propst, ein Graf Trautmannsdorf und Chorherr zu Vorau, gewählt. Der letzte war ein Herr von Rain.

Das Stift Pöllau wurde am 11. Juli 1785 durch den Kreishauptmann Graf Wolf Stubenberg als aufgelöst er= klärt [1]). Das Inventar, welches wie jenes zu Stainz der Rait= officier Uselmann arbeitete, verzeichnete ein Activum von 427.750 fl., ein Passivum von 5839 fl., ein Reinvermögen von 421.811 fl. [2]). Das Silber und die Pretiosen wurden auf 8498 fl. geschätzt, die Stiftsweine, Mobilien und die Orangerie versteigert, Bücher und Acten wurden genau inven= tarisirt; es ist aber nicht bekannt, wohin sie verschwunden sind. Die Stiftkirche zu S. Veit, welche der vorletzte Propst am Anfange des 18. Jahrhunderts im Zopfstile der Zeit hatte bauen lassen, blieb Pfarrkirche und ist noch heute eine der prachtvollsten Kirchen in Steiermark. Die Bilder und Para= mente der Kirche wurden zurückgelassen.

Das Stiftgebäude, der Pöllauerhof in Graz und die Güter Pöllau, Bilbel und Welsdorf gingen an den Religions= fond über. Die Herrschaft Pöllau wurde verpachtet, 1827 ver= kauft, ging durch mehrere Hände und ist seit 1834 Eigenthum der Grafen von Lamberg.

8. Die beschuhten Augustiner hatten in Hohenmau= ten an der Drau seit 1290 ein kleines Kloster mit einer Herrengilt, einem Meierhof, einer Waldung, einer Säge und Mahlmühle. Das ganze Vermögen des Klosters be= trug 27.727 fl. und nach Abzug der geringen Schulden 26.606 fl. [3]): an bar Geld nur 1 fl. 30 kr., an eigenen Capitalien 8600 fl., an Stiftungscapitalien 7269 fl., an Unter=

---

[1]) Nach Hofdecret vom 18. Juni 1785.
[2]) St. A. Graz.
[3]) Liquidation von 1805. St. A.

thausausständen 357 fl., an liegenden Gütern 8791 fl., an Wein, Vieh, Geräthe 828 fl., an Paramenten 862 fl., an Silber und Pretiosen 297 fl., unter diesen war eine Monstranze mit 36 fl., ein großer Kelch, 64 fl. im Werthe. Ein Theil davon blieb dem Prior und bei der Kirche, ein Theil wurde den Bischöfen von Seckau und Laibach zur Schenkung an Pfarren überlassen. Der Bücherkatalog wies nichts besonderes nach, und von den Urkunden war die wichtigste der Stiftbrief eines Bauers, Pfister aus Burgsdorf, welcher 1746 dem Kloster für einen „ewigen Chor" 10.000 fl. vermacht hatte[1]).

Als der Kreishauptmann von Marburg, Graf Karl Gleispach am 6. October 1785 die Aufhebung des Klosters verkündigte, lebten darin der Prior P. Columbanus Schwab, 5 Conventualen und 3 Laienbrüder. Sie erhielten ihren täglichen Unterhalt, wanderten dann aus und lebten von ihrer Pension.

9. Die Minoriten hatten in Windischfeistritz 1629 zur Zeit, als der protestantische Adel aus Innerösterreich verjagt wurde, ein kleines Kloster erhalten, das aber trotz Ausstattung und Schenkung nicht zur Blüthe kommen konnte. Unter Joseph II. war es die Steuern schuldig, fand keinen Credit mehr, die Mönche und der Provincial verlangten selbst die Auflösung, so daß die Regierung, da das Kloster ohnehin für die Seelsorge entbehrlich war, die Aufhebung verfügte[2]). Der Kreishauptmann von Cilli, Freiherr Franz von Dienersperg, vollzog dieselbe am 4. November 1785.

Im Kloster lebten der Guardian Paulinus Gappmaier und 11 Minoriten; zwei waren als Schloßkapläne in Tattenberg und Ankenstein abwesend, einer war irrsinnig und bei den Barmherzigen in Graz. Die Mönche blieben noch fünf Monate

---

[1]) Bericht des Commissärs.
[2]) Gubernialdecret, 13. October 1785.

beisammen und wurden dann in der gewöhnlichen Form pen=
sionirt.

Das Inventar verzeichnete an bar Geld 130 fl., an
eigenen Capitalien 1000 fl., an Stiftungscapitalien 10.150 fl.,
an Unterthansausständen 607 fl., den Werth des Silbers und der
Ornate, welche bei der Kirche blieben, auf 962 fl., der Wein=
vorräthe auf 633 fl., der Naturalvorräthe auf 516 fl., der
Fahrnisse auf 812 fl., den Werth der Apotheke auf 903 fl.
und der liegenden Güter und Realitäten auf 8417 fl. Das
Kloster besaß nur das Klostergebäude, einen unregelmäßigen
Bau mit 16 Zimmern, und einige Gilten mit etwa 69 Unter=
thanen, Aeckern, Wiesen und Weingärten, welche der Magistrat
1629 den Minoriten übergeben hatte, daß sie dafür wöchent=
lich zwei Messen und für den Stifter ein Hochamt lesen. Das
Activvermögen kam auf 24.133 fl., die Passiven auf 2179 fl.,
das Reinvermögen auf 21.954 fl. [1]). Die Gründe und das
Klostergebäude wurden verkauft, die Kirche blieb für den deut=
schen Gottesdienst bestimmt.

10. Der Dominicanerconvent zu Pettau war
einer der ältesten in Oesterreich, gestiftet 1230. Zur Zeit der
Aufhebung, welche der Kreishauptmann von Marburg, Graf
Gleispach am 17. Jänner 1786 den Mönchen verkündigte [2]);
waren im Kloster der Prior Marinus Gerer, 5 Conventualen
und 3 Laienbrüder. Sie wurden bis zu ihrem Austritte ver=
pflegt.

Das Kloster hatte ein Activvermögen von 68.096 fl. 7 kr.,
Passiven an verzinslichen und unverzinslichen Schulden 1537 fl.
10 kr., ein Reinvermögen von 66.558 fl. Nach dem Inventar
waren vorhanden [3]) an Bargeld 1264 fl., an eigenen Capitalien
3400 fl., an Stiftungscapitalien 6100 fl., an Unterthans=

---

[1]) Inventar vom 17. Mai 1786. Liquidation von 1805. St. A.

[2]) Gubernialdecret vom 29. December 1785.

[3]) Geschlossen 12. Juni 1786. St. A. Liquidation 1805.

ausständen 1633 fl., an Silber und Pretiosen 2404 fl., unter
diesen eine Monstranze für 92 fl., Kelche für 57, 59, 62 und
64 fl.; an Victualien, Wein und Naturalvorräthen 2771 fl.,
an Bildern 650 fl., an Häusern und liegenden Gütern
48.070 fl. Zu diesen gehörten: das Klostergebäude, die Kirche,
einige Gilten, eine Wildbahn, ein Fischwasser, ein Garten und
eine Ziegelhütte. Einiges davon wurde verkauft um 8477 fl.
An das Cameralzahlamt kamen vom Vermögen dieses Klosters
nur 19.418 fl.

11. Das Kloster der Paulinermönche zu Mariatrost war erst am Anfang des 18. Jahrhunderts von einem
Edelmanne auf dem Burgberge bei Graz gegründet. 1714
wurde der Grundstein gelegt, Kloster und Kirche sind nach dem
geschmacklosen Stile der Zeit gebaut, die letztere aber prächtig
mit Marmor ausgelegt. Eine Kapelle mit dem wunderthätigen
Marienbilde bestand schon seit dem Mittelalter auf dem
Berge.

Auf den Antrag des Guberniums in Graz[1]) verfügte
das Hofdecret vom 12. Jänner 1786 die Aufhebung des Klosters, welche der Kreishauptmann, Graf Wolf Stubenberg, am
10. Februar in der gewöhnlichen Form vollzog. Im Kloster
lebten außer dem Prior 13 Pauliner und 2 Laienbrüder. Nach
der Meinung der Regierung sollten sie in die noch bestehenden
Paulinerklöster zu Krumau in Böhmen und Woborsitz in Mäh-
ren versetzt werden. Ein Mönch konnte jedoch wegen Altersschwäche nicht reisen; 4 andere waren vom Bischof für die
Seelsorge vorgeschlagen, ein Laienbruder war für die Sacristei
nothwendig. Der Ordensprovincial schlug vor, alle Mönche
von Mariatrost zu säcularisiren und diese baten dann selbst
um die Versetzung in den Weltpriesterstand. Sie verließen das
Haus am 28. Februar und wurden pensionirt.

---

[1]) 24. November 1785.

Das Kloster besaß außer dem Klostergebäude und der Kirche zwei Häuser am Fuße des Berges; an liegenden Gütern den Burgberg, einen Hof, einen Wald, mehrere Weingärten und ein Bergrecht bei Marburg in der Pfarre Gams. Die letzteren wurden verkauft. Die Einrichtung der Zellen war dürftig, die Vorräthe von geringem Werth, im Keller lag Wein im Werth von 488 fl. Bedeutender war der Kirchenschatz, meist Gaben und Weihgeschenke der Wallfahrer: Lampen, Kreuze, Ringe, Halszierden, Münzen, Goldpfennige, Rosenkränze von Silber und Korallen, goldene Zähne, goldene Herzen, eines 20 Ducaten schwer, zwei silberne vergoldete Ohren, ein vergoldeter Kelch 228 fl., ein „auf Perlmutter gemaltes Frauenbild", aber nur eine silberne und in Kupfer vergoldete Monstranze 4 fl. im Werthe. Die besten Paramente und Pretiosen blieben in der Kirche, welche als Pfarrkirche bestimmt wurde. Der eine Tract des Klosters wurde dem Pfarrer und zwei Kaplänen als Wohnung angewiesen, der andere vermiethet. Die Manuscripte, meist Rechtsurkunden, die Bücher, meist theologischen Inhaltes, kamen, da die Hofbibliothek nichts auswählte, in die Grazer Studienbibliothek.

Das Activvermögen betrug 46.374 fl., an barem Geld 564 fl., an eigenthümlichen Capitalien 3020 fl., an Kirchen- und Stiftungscapitalien 28.565 fl., an Unterthansausständen 8 fl., an Silber, Pretiosen und Ornaten 5090 fl., an Vieh, Vorräthen und Mobilien 1403 fl., an liegenden Gütern und Realitäten 8632 fl., die Passiven wurden verrechnet auf 4648 fl., das Reinvermögen auf 41.726 fl., und nach einer Einzahlung einer Schuld der aufgehobenen Pauliner zu Wiener-Neustadt auf 43.926 fl. Davon kamen 41.283 fl. an den Religionsfond [1]).

---

[1]) Graz. St. A.

12. Die Franciscanerklöster zu Feldbach und Friedau hatten nur wenig Geistliche, sie konnten den geistlichen Dienst nicht mehr leisten und der Ordensprovincial trug selbst ihre Auflassung an. Die Regierung bewilligte dieselbe [1]), die Klöster wurden am 5. April 1786 geschlossen. In Feldbach waren 4, in Friedau 14 Geistliche, sie wurden in andere Klöster ihres Ordens vertheilt. Feldbach hatte ein Vermögen von 10.350 fl., Friedau von 8312 fl., welches durch den Verkauf eines Waldes, einiger Weingärten und Wiesen auf 10.811 fl. stieg. Nur ein Theil des Vermögens kam zum Religionsfonde, die Pretiosen, Paramente und Geräthschaften übernahm der Provincial.

Später, unter der Regierung des Kaisers Franz 1799 wurde auch das Franciscanerkloster zu Mürzzuschlag geschlossen [2]). Die Regierung ließ das Klostergebäude und den Garten verkaufen, die Kirche und Gruft dem Magistrate übergeben. Die Capitalien, Pretiosen u. a. erhielt der Orden, von dem Vermögen 19.331 fl. kamen nur 5820 fl. an den Religionsfond.

13. Auch die Capuzinerklöster zu Pettau, Graz und Mureck wurden nicht im Sinne der Gesetze von 1782 aufgehoben, sondern als für die Seelsorge entbehrlich geschlossen, die Mönche versetzt, das bare Geld, Silber, die Pretiosen, die Almosenbeiträge an Holz, Fleisch, Getreide u. a. dem Ordensprovincial überlassen. Der Erlös von den liegenden Gütern, die Stiftungscapitalien, das Vermögen an Werthpapieren kam zum Religionsfond, aber die jährlichen Zinsen erhielt die steiermärkische Ordensprovinz.

Das Capuzinerkloster in Pettau wurde am 6. März 1786 durch den Kreiscommissär Schmidt von Ehrenberg ge-

---

[1]) Decret vom 23. Februar 1786. St. A.
[2]) 7. März 1799.

schlossen. Das Vermögen betrug 2932 fl., an Bargeld nichts, an Stiftungscapitalien 800 fl., 976 fl. kamen an den Re= ligionsfond. Der Garten mit dem Fischbehälter und der Kraut= acker wurden verpachtet, das Kloster und die Kirche übernahm das Militär gegen einen jährlichen Miethzins für ein Ver= pflegsmagazin.

In Graz bestanden zwei Capuzinerklöster. Das eine „auf der Stiege" wurde im Juli 1786, das andere „am Graben" im April 1787 aufgelassen. Das Kloster „auf der Stiege" 1602 von Erzherzog Ferdinand gegründet, am Fuße des Schloßberges, wo die Jesuiten tausende von protestantischen Büchern verbrannt hatten, wurde zu einem Asyl für Wahn= sinnige eingerichtet, noch heute gehören Kloster und Garten dem Irrenhause. Das Vermögen betrug 25.563 fl., die Stif= tungscapitalien 8468 fl.; die Almosenbeiträge, welche für die Anschaffung von Holz, Brot u. a. gestiftet waren, stellten ein Capital von 13.265 fl. dar und wurden an die anderen Capu= zinerklöster im Lande vertheilt [1]). Das Kloster „am Graben", 1648 von einem frommen Landeshauptmann, Graf Dietrich= stein gegründet, blieb der Seelsorge erhalten. Die Kirche wurde Pfarrkirche, einen Theil des Klosters und den kleinen Garten erhielt der Pfarrer, der große Garten wurde als Erholungsort für die Zöglinge des Generalseminars bestimmt und 1792 nach der Aufhebung des Seminars mit einem Theile des Klo= sters verkauft. Das Kloster hatte auch eine Tuchwalke besessen, welche 1787 um 1230 fl. verkauft wurde. Das Vermögen war nicht geschätzt, weil alles Geld, Geräthe u. a. der Pfarre geblieben ist.

Das Capuzinerkloster zu Mureck wurde am 24. April 1788 aufgehoben. Darin waren 15 Geistliche, welche bisher in Predigten und Messelesen bei der Pfarrkirche aus=

---

[1]) Liquidation von 1805. St. A.

geholfen hatten. Der Provincial vertheilte sie wie jene von
Graz und Pettau in die Capuzinerklöster zu Hartberg, Leibnitz, Schwanberg und Radkersburg. Das Inventar verrechnete
an Almosenbeiträgen 3365 fl., an Stiftungscapitalien 733 fl.,
im Ganzen 5365 fl. Kloster, Kirche und Garten wurden später
um 1030 fl. verkauft. An den Religionsfond kamen vom Vermögen dieses Klosters nur 1763 fl.

14. Das Dominicanerkloster zu Neukloster im
Kreise Cilli bestand seit dem 15. Jahrhundert und wurde im
Juni 1787 durch den Kreishauptmann von Ehrenberg aufgehoben [1]). Der Prior Franz Hilleprandt und sieben Dominicaner wanderten in die Klöster nach Graz und Friesach; ein
Jahr später erhielten sie jeder eine Pension von 200 fl. jährlich. Das Kloster besaß außer seinem Hause, der Kirche und
einer Weinpresse einige zerstreute Gilten im Cillierkreise, alles
im Werth von 61.289 fl., ferner an eigenen Capitalien 11.206 fl.,
an Stiftungscapitalien 14.300 fl., an Bargeld 330 fl., an
ausständigen Robotgeldern 1572 fl., Silber und Pretiosen im
Werth von 1376 fl., Wein, Vieh, Getreide und andere Vorräthe im Werthe von 1936 fl.; im Ganzen kam das Vermögen
auf 92.005 fl. und nach Abzug geringer Passiven auf 90.736 fl.,
wovon 26.960 fl. an das Cameralzahlamt gezahlt wurden [2]).
Die Kirche blieb Pfarrkirche und behielt auch einige Pretiosen
und Paramente.

15. Das Kloster der beschuhten Augustiner zu
S. Leonhard in den Windischbüheln, 1662 durch Graf
Wolfgang Stubenberg gegründet, war arm geblieben, trotzdem
es in der fruchtbarsten Gegend von Steiermark lag und als
Gnadenort weit und breit im Ansehen stand. Es besaß nur
einige Weingärten; das Stiftungscapital betrug 13.872 fl., der
Werth der Kirchengrundstücke 1639 fl., das Vermögen im Ganzen

---

[1]) In Folge des Hofdecretes vom 19. Juni 1787. St. A.
[2]) Liquidation von 1805. St. A.

15.511 fl. Das Einkommen der Kirche an Geld und Naturalien kam jährlich höchstens auf 620 fl., und im Kloster lebten
außer dem Prior eilf Geistliche. In früherer Zeit hatten sie
durch milde Sammlungen sich erhalten. Diese waren nun verboten und die Zuflüsse an dem Gnadenorte kamen immer spär-
licher. Die Augustiner suchten deshalb selbst um die Auflassung
ihres Klosters an und die Regierung ließ dasselbe im October
1787 durch den Marburger Kreishauptmann, Graf Anton
Colloredo schließen. Die Mönche wanderten aus, wurden pensionirt; nur der Prior und zwei Geistliche blieben bei der
Kirche, welche als Pfarrkirche bestimmt wurde, als Seelsorger
zurück.

16. Das Kloster der Karmeliter-Barfüßer in Graz
war schon 1786 zur Aufhebung bestimmt, wurde aber erst am
2. December 1789 durch den Gubernialrath Franz von Rosenthal geschlossen. Kaiser Ferdinand II. hatte dieses Kloster 1629
in der Zeit seines Glückes, als er sich in Oesterreich und
Deutschland als Sieger über den Protestantismus betrachten
konnte, nahe an der Burg und dem Burggarten in Graz gegründet. Kirche und Kloster sind geschmacklos, häßlich gebaut
und sehen einem Vorwerk ähnlicher als einem geistlichen Hause.

Das Stiftungscapital betrug nur 56.805 fl., aber die
armen Barfüßermönche hatten es im Lauf der Zeit zu einen
behäbigen Wohlstand gebracht. Das Inventar verzeichnete ein
Activvermögen von 167.845 fl., nach Abzug der geringen Passiven
ein Reinvermögen von 166.404 fl. [1]); an Bargeld 1910 fl.,
an Capitalien in öffentlichen Papieren 64.278 fl., an Unterthansausständen 203 fl., an Wein und Fässern im Werth von
6629 fl., an liegenden Gütern 28.661 fl., an Silber, Pretiosen, Ornaten, Effecten 9356 fl. Die liegenden Güter, Gilten,
Obst- und Weingärten wurden verkauft, ein Theil der Para-

---

[1]) Liquidation von 1805. St. A.

mente dem Bifchof von Seckau für 1282 fl., der Reft einer
Familie für den Schätzungswerth verkauft. Die Bibliothek kam
in das Lyceum. Im Klofter lebten 20 Karmelitermönche; nur
zwei waren in der Seelforge thätig; der eine blieb Kaplan für
das Caftell auf dem Schloßberge, die anderen wurden mit
200 fl. penfionirt. Der Religionsfond erhielt von diefem Klo=
fter eine Summe von 102.137 fl. Die Kirche wurde entweiht;
der Thurmknopf, das Kreuz, die Glocken und Betftühle wurden
der Pfarre S. Johann im „Graben" unentgeltlich überlaffen,
das Kloftergebäude übernahm das Militär für einen geringen
Miethzins und richtete darin ein Spital ein.

17. Alle diefe kleinen Klöfter verfchwanden ohne viel
Auffehen, auch ohne viel Leid ihrer Infaffen, aber die Auf=
hebung des Benedictinerftiftes S. Lambrecht und des Cifter=
zienferftiftes Neuberg befchäftigte die Aufmerkfamkeit des ganzen
Landes und berührte das Wohl und Wehe von Taufenden.
Der Befehl dazu kam unmittelbar aus Wien. Für die Be=
dürfniffe des Religionsfondes im Lande Steiermark war noch
eine Summe von 1,121.810 fl. erforderlich. Um nun den
Clerus in Steiermark, der ohnehin nicht reich dotirt war, nicht
ins Mitleid zu ziehen, befahl der Kaifer 1786 die Aufhebung
der Stifter S. Lambrecht und Neuberg und die Vereinigung
ihres Vermögens mit dem Religionsfond. Zur Aushilfe in der
Seelforge, welche diefe Stifter geleiftet, foll für Lambrecht das
nahe Capuzinerklofter in Murau mit 15, für Neuberg das
Franciscanerklofter zu Mürzzufchlag mit 18 Geiftlichen befetzt
werden. Das Stift Admont foll fortbeftehen, aber nur mit
18 Benedictinern und der Ueberfchuß feiner Einkünfte an den
Religionsfond abgegeben werden [1]).

S. Lambrecht hatte eine Gefchichte und einen Befitz
wie ein Fürftenthum. Seit fieben Jahrhunderten beftand das

---

[1]) Hofdecret an das inneröfterr. Gubernium vom 4. Jänner 1786.
St. A.

Stift; es versah nicht weniger als 24 Pfarren. Eine Reihe
von Seelsorgern, Baumeistern, Gelehrten, Landtagsmitgliedern
war aus ihm hervorgegangen. Sein Abt führte eine doppelte
Infel, nannte sich Propst von Mariazell, Aflenz, Veitsch und
Piber, hatte den Rang eines Fürsten und übte, so weit der
Besitz reichte, die Rechte eines Bischofes. Das Stift stand
bis 1783 unmittelbar unter Kaiser und Papst; bei besonderen
Gelegenheiten, besonders bei einer Prälatenwahl, kamen eigene
Nuntien von Rom. Das Stift besaß ausgedehnte Güter,
Wälder, Wildbahnen, Fischereien, Meierhöfe, Weingärten, Müh=
len, Kalk= und Ziegelbrennereien, Marmor= und Torfbrüche,
Drahtzüge, Salzgruben und Eisengußwerke. Die Bauern von
mehr als 100 Dörfern waren ihm zinspflichtig. Das Stift
vergab Lehen, übte die Justiz und Polizei. Was von geistiger
und materieller Cultur in diese Gebirgswinkel getragen wurde,
ist vom Stifte ausgegangen.

Das Benedictinerstift „S. Lambrecht im Walde“
genannt, liegt in Obersteiermark in einem anmuthigen Thale,
zwischen Murau und Neumarkt. Der Boden, früher kärntne=
risch, gehört seit 1521 zu Steiermark. Im 10. Jahrhundert stand
hier ein Kirchlein, dem heiligen Lambert geweiht. Marquard,
Graf im Mürzthal und Aflenz, nachmals Herzog in Kärnten,
gründete hier um 1066 eine Benedictinerabtei; seine Söhne
statteten sie mit Gütern aus und der jüngste, Heinrich, eben=
falls Herzog in Kärnten, vollendete die Stiftung. Kaiser Hein=
rich IV. bestätigte die Abtei und ließ sie von dem Reichstage
in Mainz 1104 anerkennen. Die Stifter hatten die Zahl der
Geistlichen nicht bestimmt, ihnen auch keine besondere Verbind=
lichkeit auferlegt; die Stiftung geschah „zur Beförderung des
Lobes Gottes in dem Chore, zu ihrem und anderer Seelen=
heile“. Das Stift zählte öfter 140, 120, im Aufhebungsjahre
105 Geistliche. Die Stiftkirche ist aus der spät gothischen Zeit,
wurde im 15. Jahrhundert vollendet; sie hatte 10 Altäre, der
Hochaltar aus Ebenholz stand auf einem marmornen Piedestal,

die Sacristei war reich mit Schnitzwerk geziert. Das Stif-
gebäude stammt aus der Mitte des 17. Jahrhunderts, ebenso
die Thürme an der Kirche. Die Prälatur wurde in der ersten
Hälfte des 18. Jahrhunderts angebaut.

Ein kaiserlicher Befehl vom 23. Jänner 1786 verfügte
insbesonders die Aufhebung dieses Stiftes. Das Gubernium
ernannte als Commissär den ständischen Verordneten und
Mittelsrath Johann Nep. von Buset, einen milden, mehr
geistlich gesinnten Mann. Da der Abt Berthold Sternegger
damals in Graz verweilte, verkündigte ihm Buset zuerst das
Schicksal des Stiftes. Die Regierung fand dies jedoch ungenü-
gend und der Aufhebungsact mußte formell in S. Lambrecht
und Mariazell wiederholt werden [1]). Buset reiste in das Stift,
versammelte die Mönche, las die Decrete vor, ließ den Manifestationseid leisten und übernahm die Schlüssel. Am 14. März
1786 wurde das Stift als geschlossen erklärt. Die Mönche
waren darauf vorbereitet, weil seit dem December 1785 eine
Commission die Kirchenschätze in Mariazell verzeichnete. Die
Benedictiner blieben noch fünf Monate im Hause, erhielten
nach der gewöhnlichen Norm ihren Unterhalt und wanderten
am 1. August aus. Der Abt, ein alter 73jähriger gebrechlicher
Herr, erhielt 1460 fl. Pension [2]) und starb in Graz 1793.
Ein Benedictiner war 81, die anderen zwischen 60 und 70
Jahren alt. Sie ließen sich säcularisiren und lebten von ihrer
Staatspension von 300 fl., einige blieben auf den Pfarren.
Die Pfarrer von S. Lambrecht und Mariazell erhielten jeder
jährlich 400 fl. Für die Pensionen waren aus dem Religions-
fond 25.850 fl. angewiesen.

Die Aufnahme des Vermögens dauerte Monate lang,
obwohl noch Verzeichnisse von der letzten Abtwahl vorlagen.

---

[1]) Graz, St. A. Lambrecht, Fascikel 26. 1786.
[2]) Hofdecret vom 14. August 1786. St. A.

Der Rechnungsbeamte Rottenstätter arbeitete daran bis zum 15. October 1786. Das Inventar verzeichnet einen Activstand von 2,329.773 fl., an Passiven 549.700 fl. in Capital und 14.212 fl. an kleineren Ausständen, ein Reinvermögen von 1,765.861 fl. und später nach mehreren Verkäufen 1,787.483 fl. [1]. Im Einzelnen sind folgende Posten verrechnet: an Bargeld 25.234 fl., an eigenthümlichen Capitalien 138.364 fl., an Stiftungs= und Kirchencapitalien in Lambrecht und Mariazell 51,869 fl., an jährlich systemisirten Beiträgen 5540 fl., an Pretiosen, Gold, Silber, Ornaten 21.044 fl., an Unterthans= ausständen 74.186 fl.; an liegenden Gütern, Häusern und anderen Gebäuden 1,581.224 fl.; an vorräthigem Getreide 7188 fl., an Wein und Fässern 48.294 fl.; an Vieh, Ge= räthe und Mobilien 120.545 fl.; an Werth der Rüstkammer, Bildergallerie und Kunstkammer 817 fl., Werth der Apotheke 1795 fl., der entbehrlichen Kirchengeräthe 253.667 fl.

Das bare Geld und die Pretiosen wurden theils im Stifte, theils in den Schlössern der Güter vorgefunden. Unter den Paramenten war eine Monstranze mit 740 fl., zwanzig Reliquiarien mit Gold, Perlen und echten Steinen im Werth von 3366 fl., Ornate und Meßgewänder 4666 fl. im Werth verzeichnet. Die Thurmglocke wurde um 375 fl. verkauft; von Pretiosen wurden nur jene, welche in den Schlössern waren um 6360 fl. verkauft; die Orgel, Paramente und Ornate blieben in der Kirche oder wurden an andere Pfarrkirchen ver= schenkt. Die Stiftungscapitalien blieben bei den Pfarren.

Das Stift war schon ursprünglich reich ausgestattet durch Güter im Aflenz und Mürzthale, bei Piber, in Unter= steiermark und zunächst des Stiftes selbst. Im Laufe der Zeit

---

[1] Das Inventar füllt eine dicken Folioband; wurde nur ein= mal geschrieben. Wien, C. A., Fascikel 172. Die Liquidation von 1805 verzeichnet ein Activum von 2,329.773 fl., ein Reinvermögen von 1,705.860 fl. St. A.

war der Grundbesitz bedeutend vermehrt worden. Dem Stift
gehörten: 1) Die Herrschaft Lambrecht mit allen Meierhöfen,
Waldungen, Rechten und Zehenten; damit waren die Güter
Hof, Stein und mehrere Aemter in Kärnten vereinigt; der
Werth wurde geschätzt auf 388.182 fl., mit den Stiftgebäuden
auf 394.182 fl. [1]). Der jährliche Ertrag kam auf 15.527 fl.
Die Salzgruben waren vom Staate gegen eine jährliche Rente
von 8550 fl. eingelöst. 2. Die Herrschaften Lind und Feistritz
im Judenburger Kreise unweit Lambrecht mit Burgfried=
gerechtsamen, Jagdbarkeit, Waldung, Zehent u. s. w., im Werth
von 65.000 fl.; das Schloß und die herrschaftlichen Wohnungen
im Werth von 2000 fl. 3. Die Herrschaft Zell an der Grenze
von Niederösterreich, früher unter dem Namen Zellerthal, ein
Theil der Herrschaft Aflenz; dazu gehörten Meierhöfe, Wal=
dungen, Fischteiche, Mühlen, Kohlenbrennereien, mehrere Ham=
merwerke, besonders das berühmte Eisengußwerk, zwei Wein=
gärten bei Kreuz in Ungarn, die große feste Propstei, im Werth
von 4000 fl. Die ganze Herrschaft wurde auf 895.760 fl. ge=
schätzt. 4. Die Herrschaft Aflenz im Werth von 261.054 fl.,
das Schloß im Werth von 3000 fl. 5. Die Herrschaft Veitsch
und Grub mit Jagd und Alpen, nach dem jährlichen Erträgniß
von 3269 fl. geschätzt auf 81.726 fl., das Schloß auf 1300 fl.
6. Die Herrschaft Piber im Grazer Kreise mit 23 Gemeinden
und mehr als 13.427 Joch, geschätzt auf 192.723 fl., das
Schloß auf 4000 fl. 7. Die Gilt Mädlhof oder Roschhof
außer Marburg bei Gams, 5636 fl. im Werth. 8. Die Gilt
Gerstorf und Lind im Grazer Kreis mit Unterthansgründen
im Werth von 11.500 fl. 9. Der Weingarten auf dem
Rosenberg bei Graz mit Herrenhaus, Presse und Keller 1645 fl.
10. Die Herrschaft S. Gotthard bei Graz, 16.500 fl., die
Gebäude 1500 fl. 11. Die Gilt Rottenthurm oder Radkers=

---

[1]) Die Schätzung geschah überall nach dem Erträgniß, welches zu
4 Percent capitalisirt wurde.

burger und Luttenberger Weingärten mit Wiesen und Berg=
rechten 12.056 fl. 12. Die Gilt Lungau im Salzburger Lande,
8000 fl. 13. Unterthänige Realitäten bei Piber und Mädlhof,
2865 fl., der Grottenhof bei Graz 14.430 fl., die unter=
thänigen Weingärten bei Rottenthurm, im Ganzen 36.170 fl.

Mit den Gütern wurden die Schlösser und Wirthschafts=
gebäude verzeichnet: so in S. Lambrecht das alte Schloß, das
Garten=, Schütt=, Jäger= und Spitalhaus, die Schmiede, das
Hofrichter= und Dienerhaus, in Zell das Wasch=, Jäger=,
Fischer=, Meierhaus, das Herrenhaus und die Hammergebäude;
das Schloß und Meierhaus in Aflenz, der Lambrechtshof in
Graz u. a.

Die Bibliothek in S. Lamprecht war reich aber mangel=
haft, weil die Pfarrer und Professoren Bücher nehmen durften
ohne Vormerkung; viele Bände waren verloren. Das Archiv
bestand aus dem „alten", welches alte Handschriften, Docu=
mente des Mittelalters enthielt, und aus dem „neuen" Archiv,
in dem die Rechtsurkunden und Rechnungen hinterlegt waren.
Bücher und Handschriften kamen in die Universitätsbibliothek
nach Graz und wurden von Gelehrten oft untersucht und be=
schrieben [1]). Hofmann von Fallersleben fand hier das Gedicht
„Bruder Heinrichs Litanei" in einem schön geschriebenen Per=
gamentcodex aus dem 12. und ein Vocabular aus dem 13.
Jahrhundert [2]). Zwei Todtenbücher von S. Lambrecht, das
eine 1164 und 1200, das andere 1358 und 1579 angelegt,
wurden in neuerer Zeit herausgegeben [3]). Die Kunstkammer in
Lambrecht verdiente, wie der Commissär berichtete, diesen Namen

---

[1]) Vgl. Beiträge für Kunde steiermärkischer Geschichtsquellen I.
Verzeichniß der Handschriften der Universitätsbibliothek in Graz, 1864.

[2]) Hofmann von Fallersleben. Mein Leben, Aufzeichnungen und
Erinnerungen 1868. Fundgruben II., 215.

[3]) Math. Pangerl, kaiserl. Akademie der Wissenschaften. Fontes
29. Bd.

nicht; sie enthielt nur einige Stammbäume, einen Kasten mit
Gipsabgüssen, eine Electrisirmaschine, ein Mosaikbild u. a. Das
Ganze wurde auf 137 fl. geschätzt und als „zum Studienfach
gehörig" an die Grazer Bibliothek abgeliefert. Aus der Bildergallerie sind erwähnt: 6 ideale Kopfstücke, 2 altfränkische Kopfstücke, 4 Familienstücke, 4 Porträts, 1 venetianisches Gemälde,
2 niederländische, einige Heiligenbilder, Landschaften und Blu-
menstücke. Gewiß waren einige Meisterwerke darunter, aber man
hatte kein Verständniß dafür; sie wurden auf 230 fl. geschätzt,
nach Graz gebracht, und als sie niemand kaufte, von der Staatsgüteradministration um den vierten Theil ihres Werthes übernommen. Die „Rüstkammer": Lanzen, Gewehre, Schilder, einige
Panzer und Cüraffe für 24 Mann und 2 Pferde wurde als
altes Eisen um 450 fl. verkauft [1]). Die Münzsammlung, geschätzt auf 4899 fl., wurde von dem k. k. Münz- und Antiken-
cabinet in Wien übernommen, welches einiges aussuchte und
das andere versteigerte.

Das gesammte Vermögen von S. Lambrecht kam an den
Religionsfond. Außer den Gütern gewann dieser eine Bar-
summe von 716.666 fl. Das Vermögen der nach S. Lambrecht
eingepfarrten Gotteshäuser etwa 12.125 fl. in ständischen Obligationen, blieb unberührt. Die Stiftkirche in S. Lambrecht
wurde Pfarrkirche; alle anderen Pfarrkirchen blieben, wurden
auf Staatskosten erhalten, die Seelsorger dotirt. Von den
Kirchenpretiosen aus dem Stift wurden um 9912 fl. an die Pfarren
verschenkt, nur um 162 fl. verkauft. Die Herrschaften übernahm
die Staatsgüteradministration. Die Gründe und die Wirthschaft
in Piber wurden 1798 einem Staatsgestüte gegen 7000 fl.
Pachtgeld überlassen. Die Herrschaft Zell kam 1800 um 430.086 fl.
und die Gebäude daselbst um 10.752 fl. an den montanistischen

---

[1]) Seb. Brunner spricht von seltenen Waffen, vom Verkauf der
Särge u. a. Mysterien, 328. In den Aufhebungsacten ist davon nichts
zu finden.

Cameralfond zur „Benützung des k. k. Militärs". Der Lam=
brechtshof in Graz, geschätzt auf 27.000 fl., wurde in ein
allgemeines Krankenhaus umgewandelt. Von den großen Gütern
kamen nur einige Gründe zum Verkauf; wohl aber wurden die
kleineren Güter S. Gotthard, Lungau, die zerstreuten Wein=
gärten und die unterthänigen Realitäten verkauft. Bis 1802
kam eine Summe von 88.576 fl. ein. Dafür hat die Reli=
gionsfondcassa von 1786 bis 1802 für die kirchlichen Bedürf=
nisse des ehemaligen Stiftes hinausbezahlt 219.389 fl. [1]); sie
konnte ihren Pflichten kaum mehr genügen.

Kaiser Franz II. stellte 1802 das Stift S. Lambrecht
wieder her [2]) und so ziemlich in dem alten Stand. Die großen
Güter Lambrecht, Lind, Feistritz, Veitsch und Grub, Zell,
Aflenz, die kleineren Güter Mädlhof und Gerstorf kehrten
mit geringen Verlusten in den Besitz des Stiftes zurück.
Die Benedictiner zogen anfangs October 1802 wieder ein;
die früheren Stiftspfarren blieben jedoch unter den Landes=
bischöfen.

Zu S. Lambrecht gehörte noch das „Gotteshaus unserer
lieben Frau zu Mariazell", sogenannt vom Wald Zell
und dem Zellerthal, das mit Aflenz im Besitze des Klosters
seit seiner Gründung war. Herzog Friedrich II., der letzte
Babenberger, gestattete 1243 dem Kloster, den Wald zu
roden und auf Silz und Erz zu graben. Die Mönche culti=
virten Grund und Boden, schufen eine reiche Industrie mit
Salinen und Erzgruben. Die Gegend war rasch colonisirt.
1266 bestand bereits auf der Höhe unfern des Salzaflusses
eine Muttergotteskirche, ein Leutpriester versah den Gottesdienst,
vor 1278 wurde sie Pfarre, später eine Propstei. In der Kirche
wurde ein Bild der Muttergottes mit dem Jesuskind verehrt.

---

[1]) Aufhebungsacten. Graz, St. A. Inventar, C. A.
[2]) Allerhöchste Entschließung vom 27. September 1802.

Es ist aus Lindenholz geschnitzt, 18 Zoll hoch, auf Goldgrund
polychromirt, wahrscheinlich das Werk eines frommen Künst=
lers aus dem 12. Jahrhundert. Pilgerfahrten mögen schon im
13. Jahrhundert dahin stattgefunden haben, aber der Ruf des
wunderthätigen Bildes verbreitete sich erst im 14. Jahrhundert.
Mariazell wird um 1330 als Wallfahrtsort genannt und blieb
von dieser Zeit an eine der berühmtesten Wallfahrtsstätten in
Deutschland, ähnlich Maria Einsiedeln in der Schweiz oder
Altöttingen in Baiern.

Die Kirche war ursprünglich eine achteckige Kapelle, dann
wurde ein Chor und Schiff zugebaut. In der zweiten Hälfte
des 14. Jahrhunderts wurde von Meister Konrad, einem Mönch
aus S. Lambrecht ein dreischiffiger gothischer Zubau und der
Mittelthurm aufgeführt. König Ludwig von Ungarn hatte zum
Dank für die glückliche Rettung aus der Türkenschlacht 1363
das Geld dazu hergegeben und der Kirche zugleich das soge=
nannte Schatzkammerbild verehrt, ein Madonnenbild aus der
altitalienischen Schule, das früher wahrscheinlich das Mittel=
stück eines Hausaltars war. Im 17. Jahrhundert ließ der
Abt Benedict von S. Lambrecht einen Neubau im Zopfstile
aufführen, der noch steht und so nüchtern aussieht wie die
meisten Kirchen in Innerösterreich. Nur das Portal und der
Mittelthurm sind vom gothischen Bau geblieben [1].

Um die Kirche hatten sich Geschäftsleute angesiedelt und
es entstand ein Ort, welcher 1342 das Marktrecht erhielt und
im 18. Jahrhundert 7= bis 800 Einwohner zählte. Der Pfarrer
versah für sie und ungefähr 1000 Holzknechte, Bergleute und
Kohlenbrenner, welche zerstreut im Gebirg lebten, den Gottes=
dienst. 1785 waren dort ein Superior und 18 Geistliche. Im
Sommer und Herbst, wenn die großen Wallfahrten kamen,

---

[1] Vergl. Hanns Petschnig, die Kirche zu Mariazell, in den Mit=
theilungen der Centralcommission zur Erhaltung der Baudenkmale 1869
XIV. 67. M. Pangerl: Mariazell, Tagespost 869, 2. Jänner. Mitthei=
lungen des histor. Vereines für Steiermark, 1870, 3.

genügte die Zahl nicht und mußten oft 20 und mehr Mönche
aus Lambrecht in Beicht und Gottesdienst aushelfen.

Wie an allen heiligen Orten wurden von den Gläubigen viele
Weihgeschenke dargebracht, und der Ruf sprach wie heutzutage so
in früheren Jahrhunderten von dem großen Reichthum des Kirchen=
schatzes. Die Josephinischen Verordnungen von 1784 über die
Entfernung der überflüssigen Zierrathen aus den Kirchen tra=
fen auch Mariazell, und insbesonders ein Decret vom 7. De=
cember 1785, welches die Wegnahme aller gemalten Opfer=
tafeln und eines Drittels der goldenen und silbernen befahl.

Zugleich ordnete das Decret eine Commission zur Inventari=
sirung des Kirchenschatzes an. Zu dieser wurden bestimmt: der
Gubernialrath Johann von Buset, der niederösterreichische Re=
gierungsrath von Wallenburg, der Rechnungsbeamte Boresch,
der Juwelenschatzmeister des Grazer Versatzamtes Johann Sutter
und der Goldarbeiter Nußböck, die letzteren als Schätzmeister.
Sie kamen am 12. December nach Mariazell, Buset nahm den
Geistlichen den Manifestationseid ab, die Aufnahme des Ver=
mögens wurde am 12. Jänner 1786 geschlossen [1]).

Das Inventar verzeichnete den Werth der liegenden Güter
und Gebäude auf 856.640 fl. Dazu gehörten die Gründe der
Herrschaft Zell, eine Mühle, welche Erzherzog Rudolph zur
Lesung einer Messe geschenkt hatte, im Werth von 8566 fl.,
und das Eisengußwerk, erbaut 1737 vom Abt Graf Eugen
Inzaghi. Die Salinen in Hall waren längst gegen eine Ent=
schädigung an den Staat übergegangen. An barem Gelde wurde
nichts vorgefunden. Die Kirche besaß keine Activcapitalien,
sondern nur Stiftungscapitalien bis zu 17.850 fl. und syste=
misirte Beiträge von etwa 360 fl.; so zahlte z. B. der kaiser=
liche Hof für drei Lampen jährlich 100 fl., die steirische Land=
schaft zur Beleuchtung eines großen Leuchters jährlich 100 fl.

---

[1]) Inventar dem Gubernium vorgelegt 8. Februar 1786. St. A.
Graz C. A. Wien.

Alle diese Posten wurden ein Jahr später in das Inventar von S. Lambrecht aufgenommen, welches den Werth der Herrschaft Zell auf 895.760 fl. angab.

Die Inventarisirung des Kirchenschatzes, welcher der Superior, zwei Geistliche und der Marktrichter beiwohnten, war wegen der Einzelnheiten keine geringe Arbeit. Was von Pretiosen, Gold und Silber in der „neuen Schatzkammer" vorhanden war, wurde auf 108.842 fl., was in der „alten Schatzkammer", in der Kirche und Gnadenkapelle, in der Sacristei und auf dem Glockenthurm gefunden wurde, ist auf 223.459 fl., der ganze Kirchenschatz auf 358.700 fl. geschätzt. Alle einzelnen Stücke sind verzeichnet: goldene Spangen, Dosen, Ringe mit Diamanten und Rubinen, Ohrringe, „Halsbatzeln", Angehänge, Rosen in Gold gefaßt, Blumensträuße von Gold und Silber, goldene und silberne Kronen, kleine Degen, ein „krummer Husarensäbel" mit Silber beschlagen, Petschafte, goldene Nadeln, goldene Ohren, Zähne, Finger: ferner Lampen, Marienbilder, Crucifixe, andere Statuen von Gold und Silber, reiche Pluviale, Dalmatiken, Antependien und Missale. Buset spricht von einem Kupferstich vom Hochaltar, den er erkaufte, von einem Erdglobus, der wegen der kunstreichen Arbeit seine besondere Aufmerksamkeit erregte. Von den kostbaren Stücken sind besonders genannt: ein Ciborium, geschätzt auf 4000 fl., eine goldene Monstranze auf 6000 fl., die silberne Ladislausstatue 200 Mark Silber schwer, geschätzt auf 3600 fl. und ein Muttergottesaltar ganz von Silber, im Werth von 9360 fl. Was allein in der Kapelle an Silber vorhanden war, wurde auf 48.816 fl. geschätzt. Die Muttergottesstatue trug eine Goldkrone, Perlen und Goldketten, das „Schatzkammerbild" war mit einem goldenen Rahmen und silbernem Glorienschein geziert.

Buset ließ, wie es ihm vorgeschrieben war, die Opferstöcke ausleeren, und ein Drittel aller silbernen und goldenen Opfertafeln wegnehmen. Bei gesperrter Kirche wurden von der

Muttergottesstatue und dem Schatzkammerbilde die Krone,
Münzen und Ketten abgenommen.

Sonst blieb alles in der Kirche unverändert. Die Altäre
behielten die silbernen Leuchter, die Reliquien ihre Perlen und
Goldeinfassung, die Muttergottesstatue ihre gold- und silber-
gestickten Gewänder. Die Pretiosen wurden in die Schatzkammer
gebracht, diese mit drei Schlössern geschlossen, einen Schlüssel
bekam der Pfarrer, einen die Kirchenpröpste, einen der Marktrichter; keiner durfte öffnen ohne die anderen zu verständigen.
Verkauft wurden nur die Opfertafeln und einzelne Stücke bis
zu 4300 fl.; das Geld wurde angelegt und zum Unterhalt
der Kirche verwendet.

Die Kirche, welche das Inventar als „ein prachtvolles
Gotteshaus" beschreibt, will Buset erhalten wissen, „bis durch
Verbreitung der Aufklärung die Meinung und der Hang, durch
Verehrung der Muttergottes gerade in dieser oder jener Statue
oder Bild vorzügliche Gnaden erhalten zu können, nach und
nach schwinden wird." Der Pfarrer und 10 Aushilfsgeistliche
sollten wie früher von S. Lambrecht genommen werden; für
die Kirchenmusik dürften jährlich 2000 fl., für die Kirche im
Ganzen jährlich 8000 fl. nothwendig sein. Als S. Lambrecht
aufgehoben und die Benedictiner säcularisirt wurden, kam Mariazell als selbstständige Pfarre unter die Seckauer Diöcese mit
einem Kirchenvermögen von 49.865 fl. Pfarrer und Kapläne
wurden vom Religionsfond dotirt.

Die Regierung war mit dem Erfolge der Commission
nicht zufrieden. Ein scharfes Decret der Hofkanzlei[1]) rügte die
nachlässige Beschreibung, den Mangel an barem Geld und
Capital, und sprach von der „unbegreiflichen" Geringfügigkeit
eines Schatzes, der seit 600 Jahren gesammelt war. Buset
spricht in einer Rechtfertigungsschrift ebenfalls seine Verwunderung

---

[1]) Vom 2. März 1786.

darüber aus; die Regierung habe unter Leopold I. und Carl VI.
die besten Stücke weggenommen und in den Türkenkriegen ver=
wendet. Manches war verloren, vieles ausgetauscht. Nach der
eiblichen Aussage des Abtes und der Geistlichen war ein In=
ventar des Schatzes niemals vorhanden, nicht einmal eine Ver=
rechnung, die Aufzeichnung des Schatzmeisters nur eine Privat=
notiz. Die Geistlichen waren keine Kenner und überschätzten
den Werth einzelner Stücke; so wurde z. B. ein Stein, der
nach dem Rufe den Werth eines Königreichs hatte, bei der
Inventur auf 1 fl. geschätzt. Die Opfergelder der Wallfahrer
betrugen jährlich höchstens 2000 fl., das Einkommen der Wachs=
kammer 3000 fl. Die Processionen bestanden oft aus Bettlern,
welchen die Geistlichen eine Wegzehrung reichen mußten. Das
Stift Lambrecht hatte von Mariazell kein Einkommen, mußte
vielmehr mehrere tausend Gulden zur Erhaltung der Gebäude
und der zwei Spitäler des Ortes zuschießen [1]).

　　Mariazell wurde von Kaiser Joseph nicht aufgehoben,
nicht geplündert. Die Regierung zog von dem Vermögen nur
30.597 fl. ein, und verwendete die Interessen für die Kirche
und die Spitäler. Der Kirchenschatz wurde, wie ihn Buset 1785
verzeichnet hatte, als Kaiser Leopold II. 1792 eine Revisionsinventur
vornehmen ließ, unberührt gefunden und auf 328.203 fl. ge=
schätzt, was mit Zuschlag der Verkäufe von 30.597 fl. der
Schätzung von 1785 entspricht. Erst die Regierung Kaiser
Franz II. nahm 1794 ein Darlehen aus der Kirche [2]). Das
Verzeichniß der Pretiosen, welche damals nach Wien geschickt,
verkauft oder eingeschmolzen wurden, liegt vor. Der Erlös
wurde theils zum Besten des Gotteshauses angelegt, theils für
außerordentliche Staatsbedürfnisse verwendet. Der Religions=
fond hat davon nichts erhalten.

---

　　[1]) Buset's Bericht vom 24. Februar 1786. St. A.
　　[2]) Allerhöchste Entschließung vom 25. November 1793, Hofdecret
vom 17. Jänner 1794. Vermögensausweis von S. Lambrecht. C. A.
Fascikel 172.

18. Das Cisterzienserstift Neuberg an der Mür;
war eine Stiftung des 14. Jahrhunderts. Herzog Otto der
Fröhliche, ein Sohn Kaiser Albrechts I. vergrößerte ein Klö=
sterlein, das dort bestand, führte 1327 die ersten Cisterzienser=
mönche aus Heiligenkreuz in Oesterreich ein, und stattete sie
mit Geld und Gut aus. Kaiser Friedrich III. ließ das Kloster
umbauen, erweitern und 1471 die gothische dreischiffige Hallen=
kirche erbauen. Noch ist sein Monogramm A. E. I. O. U.
(Aquila Ejus Iuste Omnia Vincet) daran zu sehen; das schöne
Maßwerk, das Radfenster, die Sculpturen und Bilder werden
von allen Freunden der mittelalterlichen Kunst bewundert.
In der Gruft, welche 1822 restaurirt wurde, liegen Herzog
Otto, seine zwei Frauen und zwei Söhne begraben [1]). Stift
Neuberg hat wie die meisten Cisterzienserstifter in aller Bewe=
gung der Zeit eine gute Zucht und Ordnung erhalten und
seinen Besitz stattlich vermehrt. Die Cisterzienserklöster in Oester=
reich waren alle reich geworden. Goldenkron in Böhmen kam
auf 465.235 fl., Königssaal auf 381.534 fl., Plaß auf 866.628 fl.,
Baumgartenberg auf 148,235 fl., Victring in Kärnten auf
389.460 fl. [2]).

Neuberg war wie S. Lambrecht zur Aufhebung bestimmt,
um den Abgang des Religionsfondes zu decken. Der Guber=
nialrath Franz von Rosenthal verkündigte am 18. Februar
1786 dem Abt und Convent die Aufhebung, nachdem die geist=
liche Filialcommission den Inhalt des Hofdecretes vom 4. Jänner
schon früher mitgetheilt hatte. Im Kloster lebten der Abt
Benedict Schulz, 19 Conventualen und ein Laienbruder, einige
Mönche waren als Pfarrer exponirt. Sie erhielten das ge=
wöhnliche Taggeld und wurden nach fünf Monaten pensionirt,
der Abt mit 1460 fl., der Pfarrer zu Neuberg mit 400 fl.,

---

[1]) Carl Lind, Mittheilungen der Centralcommission, XIV. Band,
1869, 85.

[2]) C. A.

die anderen mit 300 fl. Der Religionsfond zahlte für sie jährlich 5760 fl.

Das Inventar verzeichnete [1]):

1. In Steiermark: an bar Geld 14.200 fl., an eigenen
Capitalien 60.533 fl., an Stiftungscapitalien 1000 fl., an
Activrückständen 2034 fl., an Unterthansausständen 9.899 fl., an
Silber und Pretiosen 13.950 fl., an Paramenten 3304 fl.,
an liegenden Gütern 489.132 fl., bei incorporirten Pfarren
24.132 fl., an Getreide 3671 fl., an Vieh 6443 fl., an Wein
20.029 fl., an Fässern 2600 fl., an verschiedenen Vorräthen
34.880 fl., im Ganzen 685.811 fl.

2. In Oesterreich: an bar Geld 4018 fl., an Activrückständen 412 fl., an liegenden Gütern 92.922 fl., im Ganzen
96.922 fl.

3. An Passiven in Capitalien 192.572 fl., an Stiftungscapitalien 1000 fl., bei incorporirten Pfarren 24.132 fl., an
systemisirten Abgaben 8209 fl., an jährlichen Beiträgen 11.051 fl.,
in Rechnungen 190 fl., für ein Haus zu Schottwien zur Pfarre
Spital gehörig 800 fl., im Ganzen 237.957 fl.

Der Activstand hat 782.735 fl., das Reinvermögen
544.776 fl. betragen.

Die liegenden Güter allein waren auf 581.623 fl. geschätzt. Das Stift besaß die Herrschaft Neuberg mit Wiesen,
Hutweiden, Wäldern und Meierhöfen, nach dem jährlichen
Nutzen von 8558 fl. im Werth von 171.161 fl., die Eisenwerke zu Neuberg, nämlich einen Hammer mit Wassergebäuden
und Holzrechen, nach dem Erträgniß von 6784 fl. geschätzt auf
135.690 fl.; die Herrschaft Thurnisch und Freisburg im Marburger Kreis, nach dem Erträgniß von 8623 fl. geschätzt auf
172.477 fl.; die Herrschaft Reichenau in Oesterreich und Spital
am Semmering, im Werth von 90.290 fl.; ferner einige Gilten
im Grazer Kreis, das Amt Haidin bei Pettau, einen Wein-

---

[1]) Graz, St. A. 1786. Fascikel 26.

garten zu Kreuz in Ungarn und zwei Weinzehnte im Gebirge.
Dem Stifte gehörten außer der Kirche und dem Kloster das
Herrenhaus und noch ein Haus in Neuberg, ein Haus in
Altenburg, ein Freihaus in Wien, der Neuberger Hof in der
Grünangergasse, geschätzt auf 101.320 fl., ein Freihaus in
Neustadt und eines zu Schottwien. Der gesammte Besitz wurde
vom Staate für den Religionsfond übernommen und verwaltet.
Was zur Wirthschaft gehörte, blieb auf den Gütern. Die Re=
gierung dotirte die Kirchen und Seelsorger, übernahm Pensionen
und Almosen, jährlich ungefähr 733 fl. Eine eigenthümliche
Stiftung rührte vom Herzog Otto her. Nach den Worten des
Stitbriefes sollten die Armen in Neuberg jährlich „vas vini et
modius duri grani cumulatus in panem" erhalten. Das
Kloster hatte dies in eine Spende verwandelt, bei welcher
jeder Bettler oder Bauer, der am Jahrestage in das Stift
kam, ein Seitel Wein und ein Stück Brot erhielt. Nach der
Aufhebung wurde die Stiftung mit dem Armeninstitute in
Neuberg vereinigt.

Die Münzsammlung, geschätzt auf 2437 fl., übernahm
das kaiserliche Münzcabinet in Wien; was nicht geeignet er=
schien, wurde verkauft. Die Bücher und Archivalien kamen in die
Grazer Bibliothek. Einen Theil der letzteren übernahm in
neuerer Zeit das Archiv im Johanneum. Die Stiftkirche blieb
die Pfarrkirche des Ortes, ebenso blieben alle anderen Pfarren.
Sie behielten die nothwendigen Pretiosen und Paramente. Das
andere wurde nach Graz in die „Pretiosenkammer" der Ca=
meralbuchhaltung abgeliefert, so eine prachtvolle Monstranze,
538 fl. im Werth.

Die Pretiosenkammer erschien wie ein Depositorium all
der Kirchenschätze aus den aufgehobenen Klöstern. Unter anderen
wurden darin aufbewahrt 15 Monstranzen, so jene aus Lam=
brecht, Neuberg und Stainz, 14 Ciborien, eines von S. Geor=
gen am Längsee 150 fl., von Stainz 98 fl., von Neuberg 49 fl.,
von den Augustinern in Graz 70 fl. im Werth. Es ist nicht

richtig, daß diese heiligen Gefäße verschleudert wurden und in unberufene Hände kamen. Die Regierung hat ausdrücklich verboten, diese vasa sacra zu verkaufen [1]). Fünf Monstranzen wurden nach Wien geschickt, und jene Stücke, welche nicht 150 fl. im Werth hatten, gegen Vergütung dem Bischof von Seckau zur Vertheilung an die Pfarren überlassen. Nur der Rest wurde eingeschmolzen oder verkauft und das Depositorium 1787 geräumt [2]). —

---

[1]) Verordnungen vom 2., 9., 28. Mai, 21. November 1782 22. August 1786.

[2]) Hofdecret vom 19. December 1786. St. A.

# VIII. Die Aufhebung der Klöster in Krain und Kärnten 1783—1790.

Die vornehmsten und reichsten Klöster, welche nach 1782 in Krain und Kärnten aufgehoben wurden, waren jene zu Sittich, Landstraß, Victring und Griffen; die ersteren gehörten dem Cisterzienser-, letzteres dem Prämonstratenserorden an.

1. Das Cisterzienserstift Sittich in Krain war einige Jahre später als jenes zu Neuberg, 1336 von dem Patriarchen von Aquileja gegründet. Zu jeder Zeit hatte das Stift eine ausgedehnte Seelsorge versehen; 31 Vicariate und Pfarren in Krain, 8 in Steiermark wurden mit Cisterziensern aus Sittich besetzt. Die neue Pfarreintheilung, die Dotirung der Pfarrer aus dem Religionsfond änderte dieses Verhältniß, und die Regierung befahl die Aufhebung des Stiftes „als für die Seelsorge entbehrlich". Sie wurde am 25. October 1784 von dem Mittelsrath, Johann von Buset, demselben, der später in S. Lambrecht und Neuberg fungirte, vollzogen. Die Klostergemeinde zählte außer dem Abt Franz Xaver Freiherrn von Tauferer 26 Geistliche. Einige waren Professoren, einer Chordirector, einer als Regimentskaplan abwesend, einige alt, gebrechlich, aber alle meldeten sich zum Weltpriesterstand. Sie erhielten die gesetzliche Pension. Der Abt bat um eine höhere Pension, weil er in jungen Jahren als Professor gelehrt, die Wirthschaft des Klosters verbessert, Schulden abgezahlt und die Volksschulen

nach den „vom Monarchen vorgeschriebenen Grundsätzen" eingeführt habe. Es wurden ihm 2000 fl. jährlich angewiesen.

Das Stift besaß die Herrschaft Sittich im Kreise Neustadtl mit dem Gut Reitenburg, welches Sittich einverleibt
war; ferner das Gut Weinhof, ein „Reisgejagd" in der Pfarre
Oberburg und ein Haus in Laibach, geschätzt auf 11495.

Das Inventar verrechnete an barem Gelde 8947 fl., an
Activcapital 175 fl., an Stiftungscapitalien 4750 fl., an Unterthansausständen 14229 fl., Pretiosen und Silber 2121 fl., an liegenden Gütern mit dem Haus 208.785 fl., an Wein 1654 fl., an
Vieh 1979 fl., an Getreide und anderen Naturalien 4021 fl., an
Geräthe und Mobilien 1357, an Meiereirüstung 224 fl., an Zahlungen, welche die Pfarrgeistlichen zu verabreichen haben, 56.391 fl.
Das Activvermögen betrug im Ganzen 304.650 fl., die Passiven 65.665, das Reinvermögen 238.985 fl. [1]).

Die Güter kamen in staatliche Verwaltung. Reitenburg
wurde für 27.096 fl., Weinhof für 34.621 fl. übernommen,
kleinere Parcellen verkauft. Die schöne Stiftkirche blieb Pfarrkirche und behielt ihre Capitalien und Paramente. Die Bibliothek und das Archiv waren genau katalogisirt. Der Commissär
rühmt besonders das Archiv mit vielen seltenen, „für Geschichte
und Diplomatik" interessanten Urkunden; eine Abschrift des
Katalogs wurde an die Regierung geschickt [2]).

2. Das Cisterzienserstift zu Mariabrunn bei
Landstraß, gewöhnlich „Kloster Landstraß" genannt, war
1234 von einem Herzog Bernhard von Kärnten gegründet,
mithin älter als Sittich und Neuberg, jünger als Rein und
Victring. Das Stift lag in einer freundlichen rings von Ber-
gen umrahmten Ebene und bestätigte den mittelalterlichen
Spruch: Bernardus valles, montes Benedictus amabat.

---

[1]) Aufhebungsacten, Laibach, R. A. Inventar, Wien, C. A.
1778 waren nur 57.492 fl. Passiven.

[2]) Ich fand keinen Nachweis, was mit den Büchern und Manuscripten geschehen.

Der Ort Landstraß war früher landesfürstlich, gehörte dann der Katharine Frangipani, vermählt mit dem Ban von Croatien Peter Zrini, welcher 1671 in Wiener Neustadt hingerichtet wurde. Sie hatte das Gut 1667 an die Cisterzienser zu Mariabrunn verkauft. Die Regierung verfügte 1785 wegen der neuen Pfarreintheilung die Aufhebung des Stiftes. Es hatte 638 Jahre bestanden; 64 Aebte hatten die kleine Gemeinde regiert. Der letzte, Alexander Haller von Hallerstein, war 1772 gewählt, ein würdiger, alter Herr, der strenge auf Zucht und Ordnung hielt. 21 Cisterzienser lebten im Kloster, drei studierten im Grazer Seminar. Im Stift lebte auch ein armer blödsinniger Graf, Georg Auersperg, ein Sohn des Grafen Joseph Auersperg. Auf Ersuchen des Landeshauptmanns, Graf Seifried von Herberstein, hatte ihn das Stift 1751, also vor 35 Jahren, aus Barmherzigkeit in Verpflegung genommen. Er war blind geworden, und nicht im Stande, sich wie der ärmste Bettler den Lebensunterhalt zu verschaffen. Der Prior Mariani hatte es in langen Jahren dahin gebracht, daß ihm „ein kleines Licht von der Religion und den Pflichten der Menschheit" in der Seele aufging [1]).

Als der Kreishauptmann in Neustadtl, Graf Joachim Ursini von Plagay, am 3. Jänner 1786 den Mönchen die Aufhebung des Stiftes verkündigte, fügten sich alle ihrem Schicksale. Sie erhielten während der fünf Monate ein Taggeld, und nach der Räumung des Klosters die gesetzliche Pension von 300 fl., der Abt von 1640 fl. Dieser starb 1804 in Laibach. Der letzte Excisterzienser aus Landstraß, P. Augustin Sluga, starb als Dechant in Krainburg erst 1842.

Das Vermögen des Stiftes betrug 1770, als dasselbe nach dem Tode des vorletzten Abtes beschrieben wurde, nach dem Abzug der Passiven 73.000 fl. im Ganzen 165.142 fl. Das Inventar von 1786 nahm die frühere Schätzung wieder

---

[1]) Bericht des Aufhebungscommissärs vom 23. März 1786.

auf und verzeichnete ein Activvermögen von 242.570 fl., ein Passivum von 73.812 fl., ein Reinvermögen von 168.758 fl. [1] Das Stift war einer der reichsten Grundbesitzer im Lande; es besaß mehr als hundert Dörfer: die Herrschaft Landstraß nach dem vierpercentigen Erträgniß geschätzt auf 48.950 fl., die Herrschaft Klingenfels auf 44.875 fl., die Herrschaft Ruprechthof 38.125 fl., das Gut Grundelhof 8.319 fl., mehrere Gilten im Werth von 76.020 fl. und ein Haus in Laibach von 2700 fl. Das Kloster und die Güter kamen zum Religionsfond, die Kirche in Mariabrunn wurde entweiht. geschlossen, die Grabstätte des Stifters verschüttet.

Die anderen Klöster, welche in Krain wegen der Pfarr-Regulirung nach der Verordnung vom 5. December 1785 „als für die Seelsorge entbehrlich," aufgehoben wurden, gehörten alle dem Bettelorden an. Für Laibach fand die Regierung die noch bestehenden drei Klöster zu viel; zwei sollten aufgelassen werden.

3. Das Kloster der beschuhten Augustiner-Eremiten in Laibach war eine Stiftung eines Grafen von Cilli aus dem 14. Jahrhundert. Die Mönche hatten damals ihren Sitz vor dem Spitalthore außer der Stadt; als ihre Kirche von den Türken verwüstet und abgebrochen wurde, bekamen sie die Kirche S. Jacob, und als diese 1597 den Jesuiten übergeben wurde, die Kirche Mariä Verkündigung. 1784 erhielt der Kreis-hauptmann Anton Freiherr von Tauferer den Auftrag, das Kloster aufzuheben und die Geistlichen mit Genehmigung des Bischofs in andere Klöster zu versetzen. Die Mönche meldeten sich jedoch alle, als ihnen die Aufhebung am 14. April 1784 kundgemacht wurde, für den Weltpriesterstand.

Das Kloster besaß außer dem Gebäude und der Kirche ein Vermögen von 62.251 fl., und zwar an Gilten 15.000, an Capitalien 42.025 fl., an Barschaft 663 fl., an Silber und

---

[1] Laibach R. A. Fascikel 34. Bericht Plagay's v. 3. Jänner 1786. Vgl. Mittheilungen des histor. Vereins für Krain 1854.

Pretiosen 1293 fl., an Kirchengeräthe 1563 fl., an Hausgeräthe
367 fl. Die Urkunden und die wenigen Bücher wurden abge=
liefert, das Vermögen mit dem Religionsfond vereinigt, Kloster
und Kirche den Franciscanern überlassen. Das Kloster der
letzteren sollte ein Krankenhaus der barmherzigen Brüder wer=
den, wurde aber später für ein Lyceum verwendet, und die
Kirche theils abgebrochen theils eingebaut.

4. Das Kloster der unbeschuhten Augustiner in
Laibach wurde am 19. April 1786 durch den Kreiscommissär
Freiherrn Karl von Klasenau aufgehoben. Von den Mönchen
war einer Kaplan bei der Stadtpfarre in Radmannstorf, einer
konnte wegen Altersschwäche nicht transportirt werden, einer
war seit achtzehn Jahren wahnsinnig, und einer war bei seinen
Studien in Wien verrückt geworden. Die anderen kamen in
die Barfüßerklöster nach Mariabrunn bei Wien, S. Johann
bei Herberstein in Steiermark und in das Kloster im Münz=
graben zu Graz [1]).

Diese Augustiner Barfüßer hatten es doch zu einem
mäßigen Wohlstand gebracht. Sie besaßen Capitalien bis zu
47.590 fl., das Gut Ratschach in Unterkrain mit einem Ertrag
von jährlich 1008 fl. An Bargeld wurden nur 209 fl. gefun=
den. Die Pretiosen hatten einen Werth von 837 fl., die Para=
mente 593 fl., das Kirchengeräthe 2390 fl., das Hausgeräthe
839 fl., das Klostergebäude, die Kirche und der Garten 12.310 fl.
Die Passiven betrugen 1236 fl., das Activvermögen 64.668 fl.,
das Reinvermögen 63.432 fl.

Das Archiv enthielt nur Protocolle, Prozeßacten, Stif=
tungsausweise, die Bibliothek einige Andachtsbücher. Die Regie=
rung überließ die Paramente und Kirchenpretiosen dem Erz=
priester von Krain zur Vertheilung an andere Pfarren; das
Vermögen fiel dem Religionsfond anheim.

---

[1]) Laibach R. A. Fascikel 34.

5. Das Servitenkloster zu Tybein im Adelsberger Kreise, eine Stiftung vom Ende des 16. Jahrhunderts wurde am 23. Februar 1786 von dem Kreishauptmann Freiherrn von Liechtenberg als geschlossen erklärt. Die drei Mönche, die darin lebten, vertheilte der Provincial Guidobald Mayr in die Servitenklöster zu Lugau, Kötschach und Gradisca. Ein vierter Mönch war wegen unruhigen Betragens schon 1784 in ein anderes Kloster verwiesen worden. Das Kloster war arm, die Wirthschaft verfallen. An Bargeld fanden sich 70 fl., an eigenem Capital 89 fl., an Stiftungscapital 4084 fl. Der Werth der Realitäten wurde auf 12.553 fl. veranschlagt, das Gesammtvermögen betrug 21.194 fl., die Schulden 10.845, so daß der Religionsfond nur 10.349 fl. erhielt. Das Conventhaus war so verfallen, daß man es nicht einmal vermiethen konnte; es wurde seinem Ruin überlassen.

6. Ferner wurden als „für die Seelsorge entbehrlich" aufgelassen das Capuzinerkloster zu Neustadtl am 13. Juli, das Capuzinerkloster zu Krainburg am 21. September 1786. Die Capuziner in Neustadtl verbaten sich, als sie am 16. Mai den Befehl zur Aufhebung des Klosters erhielten, die Versetzung und wollten im Kloster bleiben. Sie zauderten` noch, als ihnen der Kreishauptmann Graf von Plagay am 13. Juli den erneuerten Befehl der Regierung verkündigte, fügten sich aber nach sechs Wochen dem Willen des Provincials. Der Commissär vermochte auch nichts sicheres über ihr Vermögen zu erfahren. Die Barschaft, der Werth der Geräthschaften des Klosters und der Kirche waren unbedeutend. Die Einwohner von Neustadtl waren so unverschämt, daß sie aus dem Garten das Grünzeug stahlen, die Ziegeln vom Dache abnahmen, ja das Dach selbst abdecken wollten, so daß die Mönche für einige Tage Militärassistenz nehmen mußten. Die Capuziner in Krainburg fügten sich dem Befehle der Regierung ohne Widerrede. Die 8 Mönche und 3 Laienbrüder wurden vom Provincial in andere Klöster versetzt. Das Ver-

mögen blieb dem Orden; es betrug nur 2518 fl.; der Werth der Gebäude 2270 fl., der Paramente und Pretiosen 102 fl., der Geräthschaften 146 fl. — Das Capuzinerkloster in Laibach, eine Stiftung aus der Zeit der Gegenreformation, ließ die Josephinische Regierung noch bestehen; es wurde 1809 von den Franzosen aufgehoben, das Gebäude später niedergerissen; der Platz wurde geebnet, bepflanzt und bildet heutzutage die „Stern= allee", einen kleinen Stadtpark in Laibach).

7. Das Cisterzienserstift Victring in Kärnten, unfern vom Wörther=See, gegründet 1142, war eines der statt= lichsten, reichsten Klöster in Oesterreich. Die Stiftkirche, ursprüng= lich dreischiffig wie die meisten Cisterzienserkirchen in Oesterreich, erfuhr Umgestaltungen aller Art; der Chor ist vom Ende des 14. Jahrhunderts, das Langhaus aus neuerer Zeit; ebenso ist das Klostergebäude ein Neubau vom Anfang des 18. Jahr= hunderts. Die Geschichte des Stiftes ist nicht geschrieben, seine Bücher und Schriften, seine Schätze sind zerstreut. Es besaß die Herrschaft Victring mit 692 Unterthanen, mit den drei Wirthschaften Victring, Ebenau und Perlingshof, mit Aeckern, Wiesen, Wäldern, in Steiermark einen Hof bei Marburg, und Weingärten in Oberkötsch. Der frühere Abt hatte das Stift tief verschuldet, der letzte Abt durch gute Wirthschaft das Ver= mögen geordnet. Seit 1779 war der Sequester wieder aufge= hoben. Nach der Aufhebung kamen die Güter und das ganze Vermögen an den Religionsfond, die Stiftkirche blieb Pfarrkirche, das Kloster wurde an die Herren von Moro verkauft¹), welche daselbst eine Tuchfabrik einrichteten. Noch stehen Bäume, welche die Cisterzienser gepflanzt, noch blüht der Garten, und die Prälatur ist ein prächtiger Wohnsitz der Familie Moro, durch= weht von Erinnerungen und dem geistigen Hauche der neuen Zeit.

---

¹) Um 9951 fl.; 1789 erhielten sie die Religionsfondherrschaft Victring in Erbpacht. C. A. Fascikel 240.

Das Hofkanzleidecret vom 19. Mai 1786 verfügte die Aufhebung des Stiftes; sie wurde durch den landesfürstlichen Commissär Graf Norbert Aicholt am 1. August vollzogen. Im Kloster lebten der Abt Constantin Rabitsch, der Prior Placidus Pößl, und 18 Conventualen; mehrere waren als Pfarrer und Kapläne in der Seelsorge exponirt. Sie wurden pensionirt und säcularisirt; am 14. August verließen sie das Kloster.

Das Inventar verzeichnet ein Activvermögen von 536.274 fl. 31 kr., einen Passivstand von 123.085 fl. 18 kr., ein Rein= vermögen von 413.188 fl. 3 kr. [1]). Die Posten wurden nach dem Besitz in Kärnten und Steiermark doppelt verrechnet: an Bargeld in Kärnten 7082, in Steiermark 318 fl., an Activ= capitalien in Kärnten 25.905 fl., in Steiermark 300 fl., an Stiftungscapitalien in Kärnten 2000 fl., an Unterthansausstän= den in Kärnten 10.555 fl., in Steiermark 878 fl., an Aus= ständen von Parteien 301 fl., an Pretiosen, Silber und Para= menten in Kärnten 13.094 fl., an Silber in Steiermark 70 fl., Werth der liegenden Güter in Kärnten 308.233 fl., in Steier= mark 117.516 fl., Werth der Gebäude in Kärnten 25.140 fl. [2]), in Steiermark 2990 fl., Werth der Einrichtung der Pfarrhöfe in Kärnten und Steiermark 132 fl., Werth der Geräthschaften in Kärnten 4427 fl., in Steiermark 684 fl. Werth der Vor= räthe an Wein in Kärnten 3228 fl., in Steiermark 2881 fl., der Fässer 676 fl., an Getreide in Kärnten 1628 fl., in Steier= mark 166 fl., an Vieh in Kärnten 2562 fl., in Steiermark 430 fl.; verschiedene Vorräthe im Werth von 4801 fl. — Zu den Passiven sind gerechnet: Passivcapitalien in Kärnten 107.467 fl., in Steiermark 2217 fl., unverzinsliche Schulden 2181 fl., jährliche Abgaben in Kärnten 7407 fl., in Steiermark 1723 fl.

---

[1]) Inventar vom Raitofficial Ignaz Rinn gearbeitet. Wien. C. A.

[2]) Das Stiftgebäude war auf 8.500 fl., die Anwaltei auf 400 fl., die Kellergebäude auf 350 fl., die Meierei auf 2000 fl., ein Haus in Klagen= furt auf 13000 fl., eine Holzhütte auf 340 fl., das Stöckl in Perlingshof auf 350 fl. geschätzt.

Das Vermögen in Steiermark war im Activstand auf 127.932 fl., die Passiva auf 4.204 fl. verrechnet. Bezeichnend für die Verpflichtungen der Unterthanen sind die verschiedenen Ausstände. Die Unterthanen schuldeten an Steuern 6411 fl., an Getreide 2199 fl.; ferner 900 Stück Krebse, 107 verschiedene Fische, 350 Reinacken, 78 Kälber à 2 fl. 30 kr., 3 Kastraunen, 32 Kitzen, 2 Gänse, 1 Pfd. Wachs, 95 Stück Kapaune, 3 Schafe, 666 Hammel, 110 Hühner, 11540 Eier, 1067 Pfd. Schmalz, 2 Pfd. Haare u. A.

Die Activcapitalien in ständischen und staatlichen Obligationen wurden an den Religionsfond abgeliefert: vom baren Gelde nur 2588 fl., das andere war für Taggelder und verschiedene Zahlungen verausgabt. Von Pretiosen und Silber wurden die in Victring selbst vorgefundenen auf 8184 fl. geschätzt; unter diesen waren Pectorale im Werth von 2000, 130, 60 fl., viele Ringe, Silberaufsätze, Bestecke, mit Gold gestickte Ornate, einer 3500, ein anderer 1200 fl. im Werth. Was in der Kirche zurückblieb, die Kirchenwäsche, 26 Meßgewänder, 5 Kelche, u. a. war nicht geschätzt. Die Urkunden im Archiv bestanden aus Verträgen, Kauf- und Schenkungsbriefen, Urbarien, Indulgenzschreiben, päpstlichen und kaiserlichen Privilegien. Das Stifthaus in Klagenfurt wurde 1787 dem Bischofe von Gurk zur Residenz überlassen.

8. Das Prämonstratenserstift Griffen, das einzige dieses Ordens in Innerösterreich, lag in den fruchtbaren deutschen Geländen zwischen dem Gurk- und Lavantfluße. Gegründet 1236 von Egbert, Bischof von Bamberg, gehörte es bis in das 18. Jahrhundert zur Bamberger Diöcese. Die ersten Mönche waren aus Franken gekommen. Das Stift versah die Seelsorge in der Pfarre S. Peter und Paul im Markte Griffen, in der Pfarre zu unserer lieben Frau im Griffenthal mit 6 Filialkirchen, ferner in zehn anderen im Lande zerstreuten Pfarren. Als die Pfarrer vom Staate dotirt wurden, befahl das Hofkanzleidecret vom 19. Mai 1786 wie von Victring

auch die Aufhebung von Griffen; sie wurde am 19. August d. J. vollzogen. Die Geistlichen wurden in andere Klöster ihres Ordens versetzt, die Pfarre mit einem Weltpriester besetzt, das Vermögen mit dem Religionsfond vereinigt [1]).

Das Stift besaß die Herrschaft Griffen, mit 238 Unterthanen, mit Aeckern, Wiesen, Weiden, Wäldern, Zehenten und Mühlen, nach der jährlichen Nutzung von 7157 fl. auf 210.103 fl. geschätzt; sie wurde vom Staate nach allen Abzügen für 127.893 fl. übernommen und später verkauft.

Ferner gehörten zum Stift das Gut Kathrein bei Villach im Werth von 26.140 fl., zwei Weingärten bei Wolfsberg im Werth von 4430 fl., und mehrere Weingärten bei Gams in Steiermark außer Marburg auf 5521 fl. geschätzt. Die liegenden Güter stellten im Ganzen ein Capital dar von 165.110 fl. Die Gebäude in Griffen wurden geschätzt auf 12.330, davon das Kloster auf 5520 fl., ein Haus in Klagenfurt auf 5300 fl.; die Gebäude in S. Kathrein auf 3000 fl., zu Gams auf 1425 fl. Die Barschaft im Stift betrug 7054 fl., die Activcapitalien 7737 fl., andere kleine Activposten 1193 fl., die Stiftungscapitalien 600 fl., die Unterthansausstände, die Pretiosen 221, das Stiftsilber 857, das Kirchensilber 363, die Paramente 2276 fl., im Ganzen 3958 fl. Die Vorräthe an Getreide wurden geschätzt in Griffen auf 1394 fl. in Kathrein auf 296 fl., die Weine in Griffen auf 3828, in Gams auf 1600 fl., die Fässer auf 232 fl., das Vieh auf 3573 fl., die Fahrnisse auf 2623 fl., verschiedene Vorräthe in Griffen auf 4863 fl., in Kathrein und Gams auf 1432 fl. [2]).

Der gesammte Activstand des Klosters Griffen kam auf 249.209 fl., der Passivstand auf 10.797 fl., das Reinvermögen auf 238.411 fl.

---

[1]) C. A. Fascikel 240. Vgl. Hohenauer, Kirchengeschichte von Kärnten, 1850, 127.

[2]) Inventar von Griffen. Wien. C. A. Fascikel 42. Die Details von S. Kathrein und Gams sind darin besonders verzeichnet.

Die Uebertragung der Seelsorge an die Weltpriester machte in Kärnten noch eine Reihe kleinerer Klöster, welche wie in Krain den Bettelorden angehörten, überflüssig. Die Regierung ließ diese Klösterlein schließen, die Geistlichen versetzen oder pensioniren; das Vermögen war gering und blieb bei den Capuzinern und Franciscanern dem Orden. Die Kirchen wurden Pfarr= oder Curatkirchen [1]).

1. Die Minoritenklöster in Wolfsberg und Villach, 1246 und 1250 von einem Bischof von Bamberg für Kirche und Schule gestiftet, wurden bereits 1784 aufgehoben. In Wolfsberg wurden Kirche und Kloster 1816 verkauft, das Kloster in Villach für die Schulschwestern, dann für ein Militär= magazin eingerichtet.

2. Die Augustiner in Völkermarkt, im 13. Jahr= hundert für das Bürgerspital berufen, hatten so wenig Ver= mögen, daß sie kaum das Leben fristen konnten; das Gottes= haus war 1766 so verfallen, daß man seinen Einsturz fürchtete. Als das Kloster 1786 geschlossen wurde, wanderten die Geist= lichen aus, das Haus wurde verkauft, die Kirche und der Thurm abgetragen.

3. 1786 wurden auch die kleinen Klöster geschlossen, welche unter Maria Theresia als Missionsstationen gegen die Protestanten in Oberkärnten errichtet waren; so das Hiero= nymitenkloster in Weisach mit 6 Geistlichen, jenes in Teichen mit 3 Geistlichen. Die Hospize der Hieronymiten und Karmeliter zu Zedlitzdorf hörten auf, weil ihre Mutter= klöster in Niederösterreich keine Beisteuer mehr leisteten und sie selbst ohne Stiftungsgelder nicht mehr bestehen konnten. Es fehlte auch an Mitgliedern; der Bekehrungseifer war erloschen; die wenigen Missionäre fristeten ein kümmerliches Dasein. Die Augustiner hatten in Rußland bei Paternion ein ähnliches

---

[1]) Hofdecret vom 5. December 1785, 19. Mai 1786. C. A. 242. Hohenauer Kirchengeschichte 207.

Hospiz. Die Geistlichen wurden versetzt, die Kirchen blieben Seelsorgestationen.

4. Die Regierung ließ ferner das Servitenkloster zu Luckau, die Capuzinerklöster in Villach, Klagenfurt und Wolfsberg, die zumeist in der Zeit der Gegenreformation entstanden waren, 1786 schließen. Die Gebäude blieben für kirchliche Zwecke bestimmt; so ist die Pfarre S. Niklas in Villach die alte Capuzinerkirche.

5. Die Franciscanerklöster in Klagenfurt, Friesach und S. Veit wurden nicht aufgehoben, sondern reducirt, die ersteren auf 18, das letztere auf 14 Mönche. Die Josephinische Regierung ließ auch die Tertianerinnen oder Schulschwestern in Villach bestehen [1]). Nur ihr Haus sollte verkauft und ihnen dafür das Minoritenkloster angewiesen werden.

Das Collegiatstift S. Andrä im Lavantthale, eines der ältesten Stifter, 1212 vom Bischof von Brixen gegründet, war in seiner Wirthschaft so herabgekommen, daß es die Geistlichen nicht mehr ernähren konnte. Es wurde 1786 dem Stifte verboten, neue Candidaten aufzunehmen, 1798 ging dasselbe gänzlich ein, 1825 wurde das Haus für ein Domcapitel des Bischofs von Lavant eingerichtet. —

---

[1]) K. Handbillet vom 7. Juli 1785: „Die versammelten Jungfrauen aus Liebe des Nächsten zur Erziehung der weiblichen Jugend in Villach und anderen Orten, welche keine Gelübbe ablegen, Kostkinder und offene Schulen halten, sind nutzbar und heilsam."

# IX. Schluß.

Welche Veränderung hatte dieses Oesterreich in den wenigen Jahren der Josephinischen Regierung erfahren! Ein großer Theil seiner mittelalterlichen Form war ausgebrochen, das Kirchenthum erschüttert, eine Reihe der mächtigsten Klöster mit allen Wurzeln aus dem Volks- und Kirchenleben ausgehoben. Selbst die Landschaft schien verändert. Klöster und Stifter waren in Casernen, Edelsitze, Irrenhäuser und Spitäler verwandelt, viele Kirchen entweiht, gesperrt, auf den Gütern wirthschafteten weltliche Verwalter.

1770 bestanden in Oesterreich in seinen deutschen und ungarischen Ländern 2163 Klöster: 238 Abteien, 1334 Manns- und 591 Frauenklöster. Davon waren bis 1786 738 Klöster aufgehoben, nämlich 82 Abteien, 395 Manns- und 261 Frauenklöster:

| Abteien: | | Mannsklöster: | | Frauenklöster: | |
|---|---|---|---|---|---|
| Benedictiner | 21 | Augustiner | 20 | Apostoliner | 2 |
| Chorherren S. Augustin | 23 | Barnabiten | 9 | Augustiner | 19 |
| Cisterzienser | 10 | Camaldulenser | 5 | Benedictiner | 27 |
| Karthäuser | 21 | Capuziner | 54 | S. Brigitta | 2 |
| Prämonstratenser | 7 | Wächter vom heiligen Grabe | 1 | Büßer | 7 |
| | | Franciscaner | 33 | Canonisser | 50 |
| | | Girolamini | 3 | Capuziner | 15 |
| | | Hieronomyten | 4 | S. Christoph | 1 |
| | | Jesuiten | 139 | Cisterzienser | 6 |
| | | Karmeliter | 23 | Clarisser | 26 |
| | | Kreuzherren | 1 | Cölestiner | 5 |
| | | Minoriten | 15 | S. Dalmatius | 1 |
| | | Olivetani | 3 | Dominicaner | 12 |
| | | | | Franciscaner | 35 |

Mannsklöſter:

Tertiarier . . . . . . . . 3
Paulaner . . . . . . . 7
Pauliner . . . . . . . . . 10
Philippiner . . . . . . . . 1
Serviten . . . . . . . . . 19
Theatiner . . . . . 2
Trinitarier . . . . . . . . 20

Frauenklöſter:

Delle Grazie . . . . . . . . 1
Weibliche Jeſuiten . . . . . . 1
Karthäuſer . . . . . . . . 1
Karmeliter . . . . . . . . 13
Prämonſtratenſer . . . . . . 2
Serviten . . . . . . . . . 4
Tertiarinnen . . . . . . . . 26
Umiliaten . . . . . . . . 4
Urſuliner . . . . . . . . 1

In Inneröſterreich waren 1782 22 Klöſter, von 1783 bis 1790 43 Klöſter, in Steiermark 22, in Krain 7, in Kärnten 14, im Ganzen 65 Klöſter aufgehoben worden. Es iſt nicht möglich, den Stand des Regularclerus vor und nach der Aufhebung genau zu verzeichnen. Wenn man im Durchſchnitt auf ein Kloſter 20 Individuen rechnet, ſo gab es in Oeſterreich 43.260 und nach 1786 28.250 Mönche und Nonnen [1]. Ein Drittheil war ausgeſchieden. In Inneröſterreich hatten mehr als 1500 Mönche und Nonnen ihre Zellen verlaſſen und lebten ihren geiſtlichen Pflichten im bürgerlichen Kreiſe oder in anderen Klöſtern.

Das Vermögen war größer als man erwartet hatte, und doch war bei aller Aufmerkſamkeit der Regierung vieles verſchleppt worden, nicht von den Commiſſären, ſondern von den Geiſtlichen ſelber, ehe noch ein Commiſſär die Schwelle des Kloſters betreten hatte. Im erſten Jahre war das Verfahren der Regierung ſtrenge, geſchäftsmäßig, ſpäter zeigte ſie ſich immer milder, rückſichtsvoller, namentlich gegen die Mönche ſelbſt. Auch die Inventare ſind mit Ausnahme jener der großen Stifter nicht mit der Genauigkeit und mit den Einzelnheiten wie 1782 ausgeführt. Nicht alles Kloſtervermögen wurde an die Staatscaſſe abgeliefert. Den Hauptſtock des Reli-

---

[1] De Luca zählt 1770 64.890, 1786 44.280 Mönche und Nonnen, auf ein Kloſter 30 Individuen, was zu viel iſt. Oeſterr. Staatenkunde, 1787 I. 149—157.

gionsfondes bildeten die Güter; dazu kamen die Summen an
Bargeld, öffentlichen Werthpapieren, Schuldbriefen, der Erlös
der Pretiosen, des Goldes und Silbers, der Geräthschaften,
Vorräthe, und was von Grundstücken und Häusern verkauft
wurde. Die Meßgelder und ein großer Theil des Kirchen=
schmuckes wurden an die Pfarren vertheilt, tausende blieben
zurück an Paramenten und Ornaten. Da der Relionsfond
mit dem Vermögen auch die Passiven übernahm, so hatte er
eine Menge Rechtsverbindlichkeiten zu erfüllen, Schulden zu
zahlen, Dienst= und Armenleute zu versorgen. Deßwegen mußte
z. B. bei S. Lambrecht und Göß mehr ausbezahlt werden, als die
eingetragenen Posten betragen haben, so daß vom Reinvermögen
240.372 fl. in Abzug kamen.

Mit dem Klostervermögen war auch das Vermögen der
Pfarren, Filialen, Kapellen, der Beneficien ohne Seelsorger
und der Stiftungen, welche zu den Klöstern gehört hatten,
verzeichnet und mit dem Religionsfond vereinigt worden; so
in Steiermark allein 102 Pfarren und Filialen mit einem
Vermögen von 184.264 fl. Die Passiven dabei waren gering,
das Reinvermögen betrug 184.621 fl. und an das Cameralzahlamt
kamen davon 129.903 fl. [1]). Die kleinsten Beneficien waren von
10 bis 1000, die meisten mit 12.000 fl., andere bis 40.000 fl. hoch.
So war z. B. bei der Dreifaltigkeitsäule in Graz eine Stiftung
von 523 fl., bei dem Kreuzwege in Eisenerz eine von 1596 fl.,
ein Beneficium bei S. Jacob in Gonobitz betrug 8304 fl.,
die Pfarre zum heiligen Geist in Gonobitz hatte ein Vermögen
von 12.185, jene zu Adriach mit zwei Filialen ein Vermögen
von 61.711 fl. Nicht weniger reiche Pfarren waren in Kärnten.
Die Summe des eingezogenen Klostervermögens betrug an
10 Millionen Gulden.

---

[1]) Liquidation des Religionsfondes vom 17. Jänner 1805. Graz,
St. A.

Ein Verzeichniß kann die Ueberschau erleichtern [1]):

| Aufgehobene Klöster 1782: In Steiermark: | Activvermögen fl. | Reinvermögen fl. |
|---|---|---|
| Karmeliterinnen in Graz | 192.538 | 156.525 |
| Clarissinnen in Graz | 427.425 | 359.000 |
| Clarissinnen in Judenburg | 195.748 | 164.195 |
| Karthause Seiz | 305.116 | 271.666 |
| Chorherren in Seckau | 755·205 | 456.448 |
| Benedictinerinnen in Göß | 584.937 | 277.781 |
| Dominicanerinnen in Studeniz | 181.764 | 180.318 |
| Dominicanerinnen in Mährenberg | 151.483 | 118.746 |
| Cölestinerinnen in Marburg | 28.779 | 10.784 |
| Pauliner in Ulimie | 60.652 | 36.118 |
|  | 2,883.647 | 2,031.581 |
| **In Krain [2]):** | | |
| Clarissinnen in Laibach | 137.083 | 126.464 |
| Clarissinnen in Lack | 89.242 | 80.079 |
| Clarissinnen in Minkendorf | 140.597 | 140.597 |
| Karthause Freudenthal | 201.926 | 201.926 |
| Dominicanerinnen in Michelstetten | 204.478 | 204.478 |
| Pauliner zu S. Peter | 75.943 | 75.943 |
| Pauliner zu Maria See | 25,013 | 25,013 |
|  | 874.282 | 854.500 |
| **In Kärnten:** | | |
| Dominicanerinnen in Maria Loretto | 98.465 | 98.465 |
| Benedictinerinnen zu S. Georgen am Längsee | 274.618 | 274.618 |
| Benedictiner zu Ossiach | 289.957 | 89.957? |
| Benedictiner zu Arnoldstein | 91.080 | 91.080? |
| Benedictiner in S. Paul | 856.082 | 288.416 |
|  | 1,610.202 | 842.536 |
| **Aufgehobene Klöster 1783—1790: In Steiermark:** | | |
| Trinitarier in Graz | 57.652 | 57.541 |
| Capuziner in Marburg | 4.375 | 4.375 |
| Beschuhte Augustiner in Graz | 81.764 | 78.169 |

[1]) Das Verzeichniß in Brunner's Mysterien 369—379 ist unvollständig und ungenau.

[2]) Bei den Klöstern in Krain sind in den Acten keine Passiven verzeichnet.

|  | Activvermögen | Reinvermögen |
|---|---|---|
|  | fl. | fl. |
| Dominicanerinnen in Graz . . . . . . . . | 244.830 | 244.554 |
| Chorherren in Stainz . . . . . . . . . | 784.387 | 716.463 |
| Chorherren in Rottenmann . . . . . . . | 150.333 | 149.626 |
| Chorherren in Pöllau . . . . . | 427.750 | 421.811 |
| Beschuhte Augustiner in Hohenmauten . . . | 27.027 | 26.606 |
| Minoriten in Windischfeistritz . . . . . . | 24.133 | 21.954 |
| Dominicaner in Pettau . . . . . . . . | 68.096 | 66.558 |
| Pauliner in Mariatrost . . . . . . . . | 46.374 | 41.726 |
| Franciscaner in Feldbach . . . . . . . . | 10.350 | 10.350 |
| Franciscaner in Friedau . . . . . . | 10.811 | 10.811 |
| Capuziner in Pettau . . . . . . . . | 2.932 | 2.932 |
| Capuziner „auf der Stiege" in Graz . . | 25.563 | 25.563 |
| Capuziner „im Graben" in Graz . . . . | ? | ? |
| Capuziner in Mureck . . . . . . . . | 5.365 | 5.365 |
| Dominicaner in Neukloster . . . . . . . | 92.005 | 90.736 |
| Beschuhte Augustiner in S. Leonhard . . . | 15.511 | 15.511 |
| Karmeliter-Barfüßer in Graz . . . . . . | 167.845 | 166.404 |
| Benedictiner in S. Lambrecht . . . . . . | 2,329.773 | 1,787.483 |
| Cisterzienser in Neuberg . . . . . . . . | 782.735 | 544.776 |
|  | 5.349.611 | 4,489.354 |

### In Krain:

| | | |
|---|---|---|
| Cisterzienser in Sittich . . . . . . . . | 304.650 | 238.985 |
| Cisterzienser in Landstraß . . . . . . . | 242.570 | 168.758 |
| Beschuhte Augustiner in Laibach . . . . | 62.251 | 62.251 |
| Unbeschuhte Augustiner in Laibach . . . | 64.668 | 63.432 |
| Serviten in Tybein . . . . . . . . . | 21.194 | 10.349 |
| Capuziner in Neustadtl . . . . . . . . | ? | ? |
| Capuziner in Krainburg . . . . . . . . | 2.518 | 2.518 |
|  | 697.851 | 546.293 |

### In Kärnten:

| | | |
|---|---|---|
| Cisterzienser in Victring . . . . . . . . | 536.274 | 413.188 |
| Prämonstratenser in Griffen . . . . . . | 249.209 | 238.411 |
| Minoriten in Wolfsberg . . . . . . . . | ? | ? |
| Minoriten in Villach . . . . . . . . . | | |
| Beschuhte Augustiner in Völkermarkt . . . | | |
| Hieronymiten in Weisach, Teichen und Zedlitzdorf . . . . . . . . . | | |
| Karmeliter in Zedlitzdorf . . . . . . . . | | |

Wolf. Aufhebung der Klöster.                    11

|  | Activvermögen fl. | Reinvermögen fl. |
|---|---|---|
| Capuziner in Villach, Klagenfurt, Wolfsberg . . . . . . . . . . . . . . . . | ? | ? |
| Serviten in Luckau . . . . . . . . . | | |
| Collegiatstift S. Andrä . . . . . . . | | |
| | 785.483 | 651.599 |
| In Innerösterreich 1782 : | 5,368.131 | 3,728.617 |
| „        „        1783—1790: | 6.842.945 | 5,687.246 |
| Im Ganzen | 12.211.076 | 9,415,853 |

Gewiß ist mit dem Reichthum an Geld und Gut der Werth der Klöster nicht vollständig verzeichnet. Man müßte beschreiben können, wie viel Grund und Boden diese Mönche angebaut, wie viel Schulen sie gehalten, wie viel geistige Kräfte sie geweckt und gebildet, wie sie den künstlerischen Sinn gepflegt, wie sie Kranke gepflegt und Arme gespeist, wie sie das Volk an Ordnung und Sitte gewöhnt haben. Wer vermöchte die Werke der Liebe und Barmherzigkeit, das Glück des Glaubens und des Friedens, den sittlichen Einfluß der von diesen Klöstern ausgegangen ist, zu schildern? Wohl haben viele den Schritt über die Klosterschwelle bereut, viele sind der harten Zucht erlegen, Hochmuth und Thrannei hat darin geherrscht wie überall, aber eben so viele haben in den Klosterzellen die Rettung, den Frieden ihrer Seele, ihre Zuflucht und oft auch ihr Recht gefunden.

Die Frage, ob Kaiser Joseph II. im Recht oder Unrecht war, als er die Klöster aufhob, hat bis zur Gegenwart alle Parteien lebhaft beschäftigt. Die Anhänger des kirchlichen Regimentes erkennen darin noch immer ein schreiendes Unrecht, einen Eingriff in das Privatrecht, einen Raub von wohlthätigen Spenden und Stiftungen. Die Anhänger der staatlichen Gewalten erblicken darin die Aeußerung eines unveränßerlichen Rechtes der Nation, eine sociale Reform, zu welcher die gesetzgebende Macht berechtigt war. Weil eine strenge Scheidung

der kirchlichen und staatlichen Lebensordnung nicht leicht mög=
lich ist, wird die Rechtsfrage immer streitig bleiben und soll
auch hier nicht erörtert werden.

Ohne Zweifel war mit der Klosteraufhebung eine Stö=
rung von rechtlichen, in Volk und Staat seit Jahrhunderten
fest begründeten Verhältnissen verbunden; aber es gibt Kri=
sen im Staatsleben, wo die öffentliche Gewalt eine solche
Störung dem allgemeinen Besten unterordnen muß. Wie hätte
Solon, wie Servius Tullius seine Gesetzgebung begründen
können, wie wäre die Agrargesetzgebung im alten Rom, wie die
Grundablösung der neueren Zeit, die Aufhebung der Lehen
und Fideicommisse ohne eine solche Störung möglich geworden?
Es kommt eine Zeit, in welcher die öffentliche Gewalt über
die Vertheilung von Grund und Boden Umschau hält, die
Besitztitel prüft und so manches streitige Recht durch ein neues
Gesetz lösen muß, um dem Grundstoffe der Nation, der acker=
bautreibenden Classe, neues Leben zu verleihen. Seit die Kirche
mit ihrem streng ausgebildeten hierarchischen System sich vom
Staate entfernt hatte, und dieser aus sich selbst heraus seine
Umwandlung begann, war ein Conflict der Gewalten nicht
mehr zu vermeiden.

Die Frage über die Josephinische Klösteraufhebung hat zu=
gleich eine hohe volkswirthschaftliche Bedeutung. Wer den Zustand
Oesterreichs vor Kaiser Joseph betrachtet mit seinen halb feu=
dalen, halb absoluten Formen, mit dem großen Adels= und
Kirchenbesitz, mit mehr als 2000 Klöstern und diese mit einem
Vermögen ausgestattet, das in Innerösterreich allein über 12
Millionen betragen hat, wird diesen Zustand nicht einen ge=
sunden nennen. Und dieses Vermögen bestand größtentheils in
Grund und Boden, war der freien Arbeit und einer gesunden
Volkswirthschaft entzogen. Innerösterreich war im Mittelalter
eines der reichsten Länder Deutschlands, der Boden war wohl
angebaut, in Städten und Märkten blühten Gewerbe und
Handel, das Volk war wohlhabend, frisch, sanges= und liebe=

11*

freudig. Zeugniß davon geben das bewegte politische Leben,
die zahlreichen Rittersitze, die Kunstdenkmäler, die uns jene
Zeit hinterlassen hat, und eine lebendige dichterische Thätig=
keit. Vom sechzehnten Jahrhundert an wird eine allmäliche
Verarmung bemerkbar; sie wächst im siebzehnten Jahrhundert,
obwohl das Land von dem großen Kriege nicht berührt wird;
die Bevölkerung wird dünner, die Industrie ärmer, der äußere
Handel hört beinahe ganz auf. Die Folgen davon reichen bis
in unsere Zeit. Innerösterreich ist vornehmlich ein Ackerbau=
land geblieben. Welche waren die Ursachen dieser Veränderung?
Die nächste lag darin, daß, seit die Türken an den Pforten
des Welthandels in Egypten und am Bosporus saßen, und
die italienischen Städte den Handel verloren, die Straßen
durch die Gebirgsländer Innerösterreichs veröbeten. Eine andere
nicht minder mächtige Ursache war die Anhäufung eines so
großen Vermögens in der todten Hand. In Innerösterreich
hat sich niemals ein so großer Adelsbesitz wie in Böhmen und
Mähren gestaltet; es gab hier immer viel kleine Güter, welche
rasch von Hand zu Hand gingen, aber an die Stelle der
Fideicommisse war in Innerösterreich der Klosterbesitz getreten.
Der große Besitz verschluckte den kleinen, die Arbeit der Knechte
und Hörigen unterdrückte die freie Arbeit, das Landvolk ver=
minderte sich an Zahl und Kraft. Die Acten der Stände und
Gemeinden sind voll von Klagen über die Verarmung des
Grundbesitzers, über das Herabkommen der Wirthschaft, über den
Mangel an Capital und Arbeitskraft. Wie kann der Zustand
ein gedeihlicher sein, wenn die Klöster der Bettelorden ein
solches Vermögen besitzen, wie z. B. die Karmeliterinnen in
Graz 192.538 fl., die Clarissinnen in Graz 427.425 fl., die
Karthäuser in Seiz 305.116 fl., die Domicanerinnen in Mi=
chelstetten 204.478 fl.; wenn die Frauenklöster der beschaulichen
Orden Werthpapiere, Weingärten, Güter, und in den Kellern
Weinvorräthe bis zu 5000 fl. inne haben? Dabei waren trotz
des großen Besitzes manche Klöster so verschuldet, die Wirth=

schaft so herabgekommen, daß ein Bankerott unabwendbar war, daß die Klosteroberen und Provincialbehörden selbst die Auf= hebung verlangten.

Schon vor Kaiser Joseph haben hervorragende Staats= männer in Oesterreich dieses Uebel erkannt und nach Heilmitteln gesucht. Es ist ihnen nicht gelungen, das Klosterwesen einzu= schränken; erst Joseph II. hat mit mächtiger Hand in die alte Ordnung eingegriffen. Nicht alsogleich ist durch die Aufhebung der Klöster in den volkswirthschaftlichen Zuständen ein Um= schwung zum Besseren eingetreten. Das Vermögen war im Religionsfond ebenso gebunden wie in der todten Hand, der Staat verwaltete die Güter wenig besser als die Kirche, aber die wohlthätigen Folgen wurden doch fühlbar: im Volk, in den Gemeinden, Schulen und Pfarren. Viele Güter, Aecker, Weingärten, Mühlen u. a. waren verkauft und wurden der freien Arbeit überlassen eine neue Quelle des Wohlstandes. Einzelne Klöster waren in Fabriken, in stattliche Schlösser um= gewandelt; in den Hallen, wo einst die Responsorien der Mönche erklungen waren, konnte man jetzt das Geräusch der Arbeiter, das Gebet der Kinder und den fröhlichen Haushalt der Familie vernehmen. Der Weltclerus hat durch mehr als eine Generation die Josephinische Regierung gesegnet. Der neue Pfarrherr war unabhängiger, besser gestellt. Die Seelsorge war vermehrt. Ringsum entstanden neue Kirchen. Manches Dörflein hatte einen Kaplan oder Curaten erhalten, welcher die Messe las, am Sonntag predigte und im Gebirge einem einsam Ster= benden die letzten Trostworte spendete. Mit Vorliebe und zahl= reich hatten sich die Exmönche für den Weltpriesterstand ge= meldet und die Exnonnen zogen es vor, bei ihren Verwandten zu leben und zu sterben, als sich einer fremden Klosterregel zu fügen.

Die Aufhebung der Klöster war nicht blos eine kirchliche und politische, sondern ebenso eine durchgreifende sociale Re= form. Joseph II. hat damit Oesterreich vor einer Revolution

von unten bewahrt, welche in Frankreich mit zerstörerischer Hand
alles Kirchenthum vernichtete. In ähnlicher Weise, nur haftiger,
rücksichtsloser haben am Anfange des 19. Jahrhunderts die
Regierungen in Baden, Baiern und Würtemberg die Begrün=
dung neuer Zustände in's Werk gesetzt: Klöster reducirt, auf=
gehoben, das Oberaufsichtsrecht über das Kirchenwesen in An=
spruch genommen. Görres schrieb 1814 im rheinischen Merkur:
„Was die Stifter im Laufe von einem Jahrtausend gesammelt,
das ist alles verschleudert, aufgezehrt, durchgebracht und in alle
Winde verstreut". Diese Worte können auf Oesterreich keine
Anwendung finden. Das Klostervermögen war wohl gesammelt,
wurde vermehrt und für rein kirchliche Zwecke verwendet; die
Bücher und Schriften, Kirchenschmuck und Kirchengefäße wur=
den nicht verstreut oder vernichtet. Wohl klagten die Gegner
über die rohe Art der Ausführung, über den Beamtenvanda=
lismus, aber die Thatsachen, welche dieses Buch enthält, lösen
diese Klagen und Angriffe.

Joseph II. hat auch das Klosterwesen nicht zerstört, son=
dern eingeschränkt, es war keine allgemeine Aufhebung, sondern
eine Reduction. Noch blieben in Oesterreich 1425 Klöster, 1065
Mannsklöster, unter diesen 51 der Benedictiner, 38 der Augu=
stiner=Chorherren, 41 der Cisterzienser, 26 der Prämonstratenser
und 360 Frauenklöster. In Inneröfterreich blieben mehr als
50 Klöster, in Steiermark allein 37, so das Benedictinerstift
Admont, das Cisterzienserstift Rein, das Stift der Augustiner=
Chorherren zu Vorau, die alten Stätten der Ritterorden, eine
Reihe von Klöstern der Bettelorden und die Frauenklöster,
welche sich mit Unterricht oder Krankenpflege beschäftigten. Die
Anhänger der weltlichen Ordnung, der unbedingt staatlichen
Macht haben deßwegen dem Josephinismus den Vorwurf der
Halbheit und Unentschiedenheit erhoben: der Katholicismus sei
Staatsreligion geblieben, der Protestantismus nicht für frei,
sondern geduldet erklärt, das Ehepatent habe bürgerliche und
kirchliche Rechte vermischt, die Möncherei und der Aberglaube sei nicht

ausgerottet und nirgends ein Versuch gemacht, einen Ausgleich zwischen dem starren Dogma und der fortschreitenden Erkenntniß ausfindig zu machen. Ein solcher Versuch lag dem Kaiser und seiner Regierung ferne. Joseph II. war bis zum Ende seines Lebens ein katholischer Christ und achtete den Glauben seiner Kirche höher als die Philosophie der Zeit. Seine Vorfahren waren katholisch conservativ; seine Mutter trat der kirchlichen Gesetzgebung nicht zu nahe.

Joseph II. faßte den Staat im Verhältnisse zur Kirche selbständig auf; er huldigte wie die meisten Fürsten und Staatsmänner seiner Zeit dem Grundsatze, daß die Staatsgewalt nach altem Recht alle als schädlich erkannten kirchlichen Anstalten aufheben, die Mißbräuche vertilgen und alle Cultushandlungen, welche nicht unmittelbar mit dem Glauben zusammenhingen, selbstständig ordnen könne. Das Wesen der katholischen Religion wurde dadurch nicht angetastet, das Dogma blieb in unverletzter Geltung. In allen seinen Reformen wurde Joseph von praktischen staatlichen Tendenzen geleitet. Dazu hielt er sich als Gesetzgeber berechtigt, als Fürst und Regent verpflichtet.

Seine Nachfolger haben im Großen und Ganzen dieselbe Politik festgehalten. Das Placetum regium, das Toleranzedict, das Eherecht, die Schulreform, die Diöcesen- und Pfarreintheilung und die Aufhebung der Klöster blieben aufrecht. Nur einzelne Zweige der Josephinischen Reformen, jene, welche am meisten Anstoß erregt hatten, wurden ausgeschnitten. Leopold II. schaffte die Commendataräbte ab und gab den Klöstern die freie Wahl ihrer Oberen zurück, er ließ die Generalseminare sperren und gestattete den Bischöfen wieder ihre theologischen Schulen. Die Gottesdienstordnung und andere Verordnungen, welche in das innere Kirchenwesen eingriffen, wurden sistirt. Franz II. gestattete den Klöstern wieder die freie Verwaltung ihres Vermögens; er restaurirte mehrere der angesehensten Stifter, in Innerösterreich S. Lambrecht und S. Paul,

aber nicht mit ihrem vollen Güterbesitz; sie wurden nur soweit
ausgestattet, daß sie ihren geistlichen Pflichten ohne Sorge und
Bedürfniß genügen konnten. Die gesetzlichen Schranken für den
Gütererwerb der Klöster blieben in Kraft und von 1792 bis
1820 ließ die Regierung noch eine Reihe von Klöstern schlie=
ßen, welche in ihrer Wirthschaft verfallen und nicht mehr
lebensfähig waren. Kaiser Franz scheute sich nicht, der Kirche
und dem Papste gegenüber seine volle Souveränität zur Gel=
tung zu bringen und blieb in allen inneren Fragen auf der
Bahn seines Vaters und Oheims. Erst in der Restaurations=
zeit nach 1815 gestattete er Abweichungen, soweit nicht damit
eine principielle oder liberale Aenderung verbunden war. 1820
wurden in Oesterreich die Liguorianer, die Vorläufer der Je=
suiten, und 1827 in Galizien die Jesuiten selbst aufgenommen.
Der Josephinismus schien erst durchbrochen zu werden, als das
Gesetz vom 22. December 1826 gestattete, wieder solche Klöster
zu errichten, deren Mönche dem Gebet und der frommen Be=
trachtung lebten. In den Provinzen entstanden einige Klöster
der Büßerorden, meist der Karmeliter und Karmeliterinnen,
aber die kirchliche Bewegung stand dem Volksbewußtsein fremd
gegenüber und die Regierung duldete kein Uebergreifen in die
öffentliche Gewalt und keinen Erwerb von liegenden Gütern.

Erst als im Sturme des Jahres 1848 die Bureaukratie
in Staat= und Kirchenwesen bis auf die Grundlage erschüttert
wurde und alles nach Freiheit rief, gewann die kirchliche Partei
wieder Raum und Boden. Sie verbündete sich mit dem Curialismus
und es gelang ihr, in dem Concordate von 1855 die Rechte,
welche die Herrscher von Oesterreich seit Jahrhunderten gegen=
über der Kirche erworben und geübt hatten, über Bord zu
werfen. Seitdem ist jedoch Oesterreich von Grund aus ein
neuer Staat geworden. Die gesetzgebende Macht hat andere
Formen, andere Ziele, und versucht auf dem kirchlich=politi=
schen Boden einen verjüngten Josephinismus. Das Concor=
dat wurde in einzelnen Punkten durchbrochen, in Folge des

neuen Dogma's von der Unfehlbarkeit des Papstes am 30. Juli
1870 gekündigt und hat dadurch seine gesetzliche Kraft verloren.
Damit ist aber die Bewegung, welche die streng kirchliche Partei
seit drei Jahrzehnten erfaßt hat, nicht geschlossen, die Grenzlinie
der Beziehungen zwischen Staat und Kirche nicht vollständig
bestimmt. Der Krieg der Parteien dauert fort, und der Jose=
phinismus ist ihr Feldgeschrei. Im Grunde ist es der
alte Streit zwischen Staat und Kirche, der Streit, welcher
so viele deutsche Kaiser nach Italien geführt hat, welcher
das ruhmvolle Geschlecht der Hohenstaufen vernichtete, und
Welfen und Ghibellinen immer zu neuen Kämpfen entflammte.
In den Concordaten und Concilsbeschlüssen der früheren Jahr=
hunderte hat dieser Streit nur einen Ruhepunkt, einen Aus=
gleich für Jahrzehnte, aber niemals einen endlichen friedlichen
Abschluß gefunden. Wo die politische Monarchie hervortritt und
ihre Kräfte zusammen faßt, sucht sie eine Scheidung der geist=
lichen und weltlichen Elemente, und geräth dabei immer in
Widerstreit mit der Kirche, mit ihrer centralistischen Form, mit
ihren Rechten und ihrem Eigenthume: so als sie sich in der
Kaisergewalt des Mittelalters, im Absolutismus des 18. Jahr=
hunderts darstellte, und wie sie sich in der Repräsentativmon=
archie der neuen Zeit darstellt. Diese Trennung der geistlichen
und weltlichen Macht, welche durch Jahrhunderte die Geister
treibt und zermalmt, ist weder bourbonisch noch josephinisch,
weder protestantisch noch aufklärerisch, sie ist ein Culturprincip
der christlichen Völker, erwachsen aus ihrer Geschichte, genährt
von allen Factoren der Civilisation, verjüngt und gezei=
tigt durch den Geist der neuen Zeit. In Wahrheit sagt der
Geschichtschreiber des mittelalterlichen Rom [1]): „Es überlebte
die Hohenstaufen der Culturgeist, an dem sie mächtig gebildet
hatten, das große Princip der Trennung der weltlichen und

---

[1]) Gregorovius, Geschichte Roms, V. 444.

geistlichen Macht, welches auf ihrer Fahne stand und der Ge=
danke der politischen Monarchie, der mit jenem Princip genau
zusammenhängt; es war und ist noch das wahrhaft ghibellinische
Princip, um welches sich die ganze Entwicklung Europa's bis
auf den heutigen Tag bewegt." —

# Inhaltsverzeichniß.